SISU

SISU

El secreto finlandés para un estilo de vida feliz

Katja Pantzar

TRADUCCIÓN DE JOAN SOLER

Rocaeditorial

Título original: *Finding Sisu*

© 2018, Katja Pantzar

Primera publicación por Hodder&Staughton, 2018.
Edición en español publicada en acuerdo con Katja Pantzar
y Elina Ahlback Literary Agency, Helsinki, Finlandia.

Primera edición: septiembre de 2018

© de la traducción: 2018, Joan Soler
© de esta edición: 2018, Roca Editorial de Libros, S.L.
Av. Marquès de l'Argentera 17, pral.
08003 Barcelona
actualidad@rocaeditorial.com
www.rocalibros.com

Impreso por EGEDSA
Sabadell (Barcelona)

ISBN: 978-84-17092-28-3
Depósito legal: B. 17.412-2018
Código IBIC: JFSS

RE92283

Para Felix

Índice

Introducción

Grandes y esponjosos copos de nieve están cayendo del cielo nocturno mientras, en una oscura noche de noviembre, tres jóvenes en albornoz de felpa corren por una calle de Helsinki. El fresco y tranquilo aire se llena con el sonido de su escandalosa risa y el crujido de la nieve bajo sus pies, enfundados en zapatillas.

Para los vecinos, se trata de una imagen habitual. Sin embargo, para un relativamente recién llegado es una escena chocante, sobre todo con el telón de fondo de una urbe capitalina.

Pasan a toda velocidad frente a los elegantes bloques de apartamentos de siglos de antigüedad y se dirigen al agua. En una pequeña isla a tiro de piedra del centro de Helsinki, el palacio presidencial y las tiendas de diseño de lujo que bordean la Esplanade, estos tres jóvenes están corriendo hacia un muelle cercano, en cuyas inmediaciones nadarán.

Durante el tiempo que he vivido aquí, en el extremo norte, he oído hablar de invierno, de hielo, de nadar, de la costumbre de darse chapuzones en agua helada en busca de presuntos beneficios para la salud, desde la mejora del sistema inmunitario a la disminución de la fatiga y el estrés.

Por disparatada e insensata que suene la idea de tirarse de forma voluntaria al mar Báltico, en este momento decido que debo intentarlo al menos una vez, pues estos jóvenes rezuman una energía y un vigor jubilosos que parecen indisolublemente relacionados con su afición.

Para mi gran sorpresa, cuando al final lo intenté, unos años después, nadar en invierno cambió totalmente mi vida. Con el tiempo, me proporcionó un remedio natural contra los devastadores accesos depresivos que he sufrido desde la niñez. Las zambullidas heladas, junto con otros elementos del estilo de vida nórdico, me ayudaron a encontrar mi sisu, una particular forma finlandesa de resiliencia y perseverancia frente a las adversidades. Este especial coraje me ha procurado herramientas para darle un vuelco a mi bienestar y crear un estilo de vida que al fin me permite, por primera vez, hacerme cargo de todo lo que hago.

Mientras exploro este concepto del sisu, mi viaje de descubrimiento es a la vez personal y profesional. Como escritora y periodista, estoy profundamente interesada en las motivaciones y el interés de la gente por la atención a su salud y su bienestar. ¿Por qué algunas personas parecen prosperar con independencia de lo que la vida les depara mientras otras sienten a menudo que han sido tratadas injustamente? En el plano personal, como soy alguien que ha sufrido problemas de depresión y ansiedad, me da la sensación de que esta singular cultura de resiliencia me ayuda a pasar de la condición de persona débil, pasiva, con miedo a intentar cosas nuevas, a la de alguien que se siente mejor y más fuerte física y mentalmente.

A las puertas de 2017, estoy de pie en el muelle de madera que se adentra en el mar Báltico, el mismo sitio al que se encaminaban aquellos jóvenes hace ya tantas noches oscuras.

Aunque el termómetro ronda los diez grados bajo cero, llevo solo el traje de baño, un gorro de lana y zapatillas y guantes de neopreno (un tipo de caucho sintético).

Mientras desciendo por la escalera metálica que conduce a un gran agujero de tres por tres, abierto en la gruesa capa de hielo, veo las luces de la ciudad a los lejos circundando la negrura. Cuando me sumerjo en el agua, la brusca diferencia de temperatura (el agua está aproximadamente a un grado) me provoca una sacudida. En las primeras brazadas, es como si me acribillaran el cuerpo centenares de agujas y alfileres.

Los pinchazos enseguida son sustituidos por una sensación de euforia: «¡Estoy viva!». Tras un vigorizante baño de unos treinta segundos, hago una pausa en la parte de abajo de la escalera, me quedo sumergida un momento hasta el cuello en el agua glacial y subo de nuevo al muelle.

Ahora ya soy una más de las nadadoras invernales. Suelo darme un chapuzón rápido cuando voy o vuelvo del trabajo. Hay quien dirá que soy una adicta, pero, en todo caso, creo que mi adicción es saludable. Según los expertos, una zambullida de entre treinta segundos y un minuto tiene muchos de los mismos beneficios para la salud que estar entre quince y treinta minutos subiendo y bajando escaleras. Mi tratamiento de agua fría también estimula las hormonas vinculadas con la sensación de bienestar, como las endorfinas, la serotonina, la dopamina y la oxitocina. Se sabe también que esta práctica mejora la resistencia del sistema inmunitario, fortalece la circulación, quema calorías y reduce el estrés.

Mientras me acerco al edificio ribereño que alberga las saunas, las duchas y los vestuarios separados para hombres y mujeres, la avalancha de endorfinas toma las riendas, y ya no tengo frío. Las ansiedades, el estrés, la fatiga, los dolores y los disgustos se han quedado en el mar. Y en el sitio que ocupaban, noto un subidón natural al tiempo que percibo en todo el cuerpo un hormigueo seguido de una ráfaga de calidez, que me inocula una oleada de energía gracias a la cual me siento casi invencible.

Nadar en invierno me ha ayudado a sacar provecho de una gran reserva de fortaleza y resiliencia, algo que no sabía que tenía. Ya ha desaparecido mi versión insegura, cansada, asustadiza. Donde antes había debilidad, he descubierto mi sentido del sisu, el poder psicológico que me permite recomponerme incluso cuando me encuentro física y mentalmente agotada.

Mis colegas nadadores en agua fría comparten el fantástico vendaval de endorfinas y la sensación de triunfo posterior al chapuzón: soy recibida por personas sonrientes, radiantes (en clara contradicción con el estereotipo de que los finlandeses son gente mustia) y que alardean de lo bien que se sienten.

Esta noche de jueves, tengo tiempo de disfrutar de otro placer después de nadar, pues voy a entrar en calor en el baño de vapor finlandés por excelencia: la sauna.

Tras desprenderme del traje de baño, el gorro, los guantes y las zapatillas, me enjuago bajo la ducha antes de entrar en una sauna femenina, donde voy echando agua, de un cubo y con un cucharón, sobre las piedras calientes del hornillo. Me siento a meditar en calma, disfruto durante unos instantes del vapor caliente y enseguida entablo conversación con las otras mujeres sentadas en esos bancos de madera.

Si hace diez años, incluso cinco, alguien me hubiera dicho que mi noche ideal consistiría en tirarme a la helada agua del mar, me habría echado a reír a carcajadas.

Mi vida anterior, en Toronto, estaba muy alejada de la naturaleza y no incluía demasiada atención a mí misma. Mis jueves por la noche tenían poco de lo que pudiéramos considerar relacionado con el bienestar. Una típica velada bien abastecida de cócteles con mis colegas periodistas incluía visitas a bares y clubes privados. La mayoría de las veces, esto iba precedido por algún encuentro con famosos en una fiesta de inauguración o una rueda de prensa. En una ocasión compartí ascensor con el actor Chris Noth, mejor conocido entonces como Mr. Big en la popularísima serie televisiva *Sexo en Nueva York*; otra noche me senté al lado de David Schwimmer (Ross, en la exitosa comedia de situación *Friends*), al tiempo que me asombraba de lo bajita que era en la vida real la actriz Minnie Driver, presente en la misma fiesta.

Aunque soy seguidora tanto de *Sexo en Nueva York* como de *Friends*, la idea de que antes yo evaluaba el éxito de una noche en función del número de copas engullidas y de los VIP identificados parece pertenecer a una época muy lejana.

No obstante, por aquel entonces, cierta obsesión con la cultura del famoseo impregnaba prácticamente todos los aspectos de mi vida. Al haber crecido en Norteamérica, parecía del todo normal (*de rigueur*, en realidad) que casi todas las personas que conocía estuvieran inmersas en una interminable búsqueda de la solución mágica de autosuperación, consistente, por lo general, en dietas nuevas o rutinas de ejercicios físicos, todo muy caro y complicado, que les permitirían adelgazar, ponerse en forma, tener mejor aspecto, sentirse mejor y ser más eficientes en el trabajo. Y si el nuevo régimen estaba promocionado por algún famoso (así nos pareceríamos a las estrellas), tanto mejor.

En aquella época, compartía la angustia de muchas de mis amigas norteamericanas: sentía que no era lo bastante delgada, lo bastante guapa ni lo bastante rica. Me parecía que la mayoría de mis problemas se resolverían si, de algún modo, por arte de magia, era capaz de conseguir estas tres cosas.

También tenía en común con ellas otra clase de ansiedad que me abochornaba muchísimo, pues la percibí erróneamente como un signo de debilidad, cuando a los veintitantos años me diagnosticaron por primera vez «depresión».

Al principio concerté una cita con el médico, convencida de padecer una gravísima enfermedad mortal o algún tipo de trastorno autoinmune. Llevaba varias semanas seguidas notando los síntomas: no tenía hambre, estaba apática, me sentía continuamente exhausta, pero no podía dormir. Además, ya no parecía importarme ninguna de las cosas que antes me daban alegría.

Mientras hablaba con mi compasiva médica, que me hizo una serie de exámenes y me preguntó por las otras cosas que pasaban en mi vida, me puse a llorar. Entre gimoteos, le hablé del final de una relación amorosa seria que me había dejado muy afectada y con la sensación de haber fallado en algo. Esa percepción de profundo desengaño dio inicio a una espiral descendente; entonces empecé a observar otros aspectos de mi vida desde una similar perspectiva de ineptitud. Más o menos por la misma época, un amigo de la familia murió tras una larga batalla contra el cáncer; su muerte me sacudió por dentro de un modo que en su momento no supe explicar del todo.

Más adelante me enteré de que un suceso traumático o estresante, como el final de una relación, la pérdida del empleo o la muerte de un ser querido, puede precipitar un episodio depresivo. Si se producen varios de estos episodios en un espacio breve de tiempo, el riesgo se incrementa. Y le puede pasar a cualquiera.

Ahora también sé que la depresión es de lo más común —la Organización Mundial de la Salud (OMS) estima que la sufren trescientos millones de personas en todo el mundo—, pero por aquel entonces yo lo ignoraba. Cuando por fin había encontrado un nombre para esos periodos espantosos y sombríos que me dejaban paralizada y tan abatida, como si estuviera desconectada del mundo y me doliera cada célula del cuerpo, en vez de alivio sentí una enorme sensación de vergüenza. Aunque había pasado épocas malas desde la niñez, ninguna había sido tan devastadora como este horrendo episodio.

Al fin y al cabo, ¿qué derecho tenía yo a estar triste? En el momento del diagnóstico, estaba viviendo en Vancouver, la tan pregonada ciudad canadiense de la costa oeste, donde había crecido en una familia de clase media. Estaba viviendo en mi primer apartamento de alquiler, había cancelado mi préstamo estudiantil, trabajaba de editora y mi vida social estaba llena de amigos.

No me faltaba de nada. Sin embargo, solía sentirme vacía por dentro. Tras haberme hecho mayor, en las décadas de los ochenta y los noventa, en una cultura de comodidad y consumismo, buscaba en los sitios equivocados satisfacciones que a menudo identificaba con factores externos, por ejemplo, la buena apariencia o ciertas posesiones materiales como ropa y complementos caros o casas lujosas.

Algunas de mis ansiedades estaban también agravadas por mis malos hábitos de vida: no siempre comía con regularidad, no hacía ejercicio, no seguía una dieta equilibrada (¡helado para cenar!) ni descansaba lo suficiente.

Los médicos a los que acudí en Vancouver y después en Toronto me recetaron antidepresivos, ansiolíticos y psicoterapia. Todo ello me ayudó a salir de cierto agujero, algo por lo que hasta el día de hoy me he sentido agradecida. Sin embargo, ningún profesional de la medicina me preguntó jamás cuánto tiempo pasaba fuera de casa llevando una existencia activa o haciendo ejercicio físico, ni cuál era mi dieta. Nunca se estableció vínculo alguno entre mis malos hábitos de vida y mi creciente depresión.

En Canadá gocé de muy buenas oportunidades. Tras ir a la universidad en Londres, estuve unos años trabajando como escritora y correctora *freelance* en Vancouver antes de mudarme a Toronto e incorporarme en una editorial.

Aunque exhibía muchos de los símbolos externos de la estabilidad —un techo, un empleo permanente, un novio con un coche elegante (¡incluso un pequeño avión!) y amigos—, por dentro solía sentirme muy inquieta. Al cabo de unos años de mi primer diagnóstico de depresión, dejé los antidepresivos durante un tiempo, pero me recetaron ansiolíticos para mi recurrente sensación de desasosiego. No había forma de tener tranquilidad ni fijar meta alguna. Sentía que hacía las cosas por pura rutina: vestirme, ir a trabajar, asistir a fiestas, sonreír y comportarme como si todo marchara bien. Pero por dentro estaba hecha un manojo de nervios. Todo era motivo de preocupación, desde mis relaciones a mi situación económica, pasando por el significado de la vida.

Como mujer joven próxima a los treinta años, me sentía frustrada por la discriminación de género que experimentaba en la industria editorial y de los medios. En uno de mis empleos tuve varios enfrentamientos indignantes, aunque nada inhabituales. Además de ser evaluada por mi aspecto, en una ocasión un ejecutivo me preguntó por lo lejos que estaba dispuesta a llegar para conseguir la obra de un autor de renombre. Lo dijo riendo, pero lo percibí como algo lascivo y del todo inadmisible.

Como hija única de una pareja inmigrante finlandesa-canadiense, me mantuve en contacto con mis raíces y visité Finlandia varias veces. Mientras tomaba en consideración otras opciones laborales, el ideal nórdico de igualdad (en aquella época, Finlandia eligió por primera vez a una mujer presidenta) me llamaba la atención. Tenía un pasaporte de la Unión Europea. ¿Y si me iba un año a trabajar a Finlandia?

Buscando en Internet, encontré en Helsinki algo que aparentemente constituía un empleo ideal: editora de revista en lengua inglesa; debía tener la disposición y la capacidad para redactar, corregir y, de vez en cuando, viajar.

La oportunidad de vivir en Europa me atraía muchísimo. Aprendería cosas nuevas y vería mundo.

Cuando me ofrecieron un contrato temporal para el puesto, cacé la oportunidad al vuelo. En aquel entonces, pensaba que estaría en Finlandia uno o dos años, le daría un repaso a mi finés (mi familia emigró a Canadá desde Finlandia a través de Nueva Zelanda en la década de los setenta) y ahondaría en mis orígenes.

Desde luego jamás se me ocurrió pensar que acabaría enamorándome del sensato estilo de vida nórdico, que ahí me labraría una vida y una carrera profesional, me casaría y tendría un hijo.

A esas alturas, todavía debía descubrir la singular cualidad de resiliencia de los finlandeses (el sisu) y todo lo que esta me revelaría más adelante.

Con independencia de dónde vivimos o de lo que hacemos, todos afrontamos dificultades y desafíos en nuestra vida cotidiana, y a todos nos puede venir bien cierto coraje y entereza adicionales. En estas páginas, compartiré con vosotros lo que he aprendido: las maneras sencillas y razonables mediante las cuales he encontrado mi sisu y cómo puedo introducirlas en vuestra vida para que también vosotros podáis encontrar vuestro sisu.

A través de este concepto desvelé los numerosos elementos del simplificado estilo de vida nórdico que me ayudó a mejorar de forma significativa mi bienestar general.

CAPÍTULO 1

Volverse nórdico: inmersión en un nuevo y estimulante estilo de vida

Durante mis primeros meses en Finlandia, mi vida cotidiana experimenta una transformación, una remodelación. No se trata de un cambio radical ni de un sistema totalmente nuevo. No obstante, a medida que mi rutina diaria va tomando forma, emerge de manera lenta pero segura un estilo de vida diferente casi sin darme cuenta.

En vez de trabajar hasta las tantas, como solía hacer en Toronto, en Helsinki mi jornada laboral empieza hacia las nueve de la mañana y acaba en torno a las cinco de la tarde. Hay una pertinente pausa para el almuerzo, que prácticamente todos toman en una cafetería próxima o en la cantina del personal, donde se sirve comida caliente pagada en parte por la empresa. Siempre hay diversos platos entre los que elegir: vegetarianos, con pollo, pescado o carne, además de un variado bufé de ensaladas y un amplio surtido de panes recién horneados.

Aunque cualquiera que haya comido en la cafetería de su lugar de trabajo en Finlandia se reiría ante la idea de que allí se sigue la dieta nórdica (es indiscutiblemente comida elaborada de forma masiva para centenares de empleados), los platos ofrecidos sí se ajustan hasta cierto punto a sus postulados; esto es, sencillos, asequibles y basados en productos locales y de temporada: verduras, frutas, bayas, granos integrales como avena y centeno, pescado, caza y lácteos. El postre suele ser una pieza de fruta o queso quark con arándanos; casi nunca repostería ni pasteles.

Esta nueva rutina de hacer una pausa formal para almorzar también me brinda la oportunidad de cambiar mis hábitos alimentarios: en lugar de hacer mi comida principal por la noche, ahora la hago en mitad del día, como millones de escandinavos. En vez de zamparme a toda prisa un bocadillo frente al ordenador, como era mi costumbre, me siento con mis colegas e ingiero una comida apropiada, más o menos equilibrada, mientras hablamos de los temas del día. Si antes me pasaba la jornada hambrienta a la espera de una cena tardía, ahora estoy bien alimentada.

Empiezo a ir a trabajar en bicicleta, como hacen muchos de mis compañeros. Al principio monto una Jopo azul brillante que tiene cuarenta años, un modelo finlandés típico, sólido y resistente, sin marchas, que me han prestado mis tíos. Esta bici sin adornos simboliza la sencillez y el diseño nórdicos: para avanzar, una bicicleta no necesita un millón de marchas.

En varias ciudades en las que he vivido, he ido a

la escuela o al trabajo en bicicleta (o al menos lo he intentado). Pero en Londres, Toronto y Vancouver me resultó mucho más difícil, pues no siempre existía una red de carriles bien señalizados y atendidos que llevaran a los sitios adonde yo tuviera que ir, y el exceso de tráfico me pone de los nervios. En todo caso, esto está cambiando: a lo largo de la pasada década, numerosas ciudades de todo el mundo están haciendo grandes progresos para promover la bicicleta como medio de transporte.

En Helsinki, como en otras capitales nórdicas, hay una extensa red de carriles-bici señalizados; una línea pintada suele dividir la calzada: un lado para los peatones, otro para los ciclistas.

Enseguida me volví adicta a la bici. Es un método práctico para desplazarme y me permite hacer ejercicio a diario sin el esfuerzo adicional requerido para ir al gimnasio tras una larga jornada laboral. Por la mañana, me despierta mi recorrido de seis kilómetros a través del bosque y junto a la costa, al aire libre. Comienzo a observar la naturaleza y el cambio de estaciones de una manera que me resulta totalmente nueva. Caigo en la cuenta de que duermo mejor por la noche, lo que a su vez parece reducir mis niveles de ansiedad.

Después del trabajo, me quito el estrés del día dando pedales. Pronto reparo en que, cuando no voy a trabajar en bicicleta, lo echo en falta y me siento aletargada.

En vez del consabido descanso para un café, algunos de mis colegas van a nadar o a hacer *aqua-jogging*, esto es, correr en el agua con un cinturón flotador: se sumergen en la piscina del personal durante quince minutos de ejercicio y regresan como nuevos, física y mentalmente. Decido probar: de vez en cuando, me sumo a ellos, y así descubro las ventajas del incremento de la energía y la concentración.

Estos son solo algunos de los cambios de estilo de vida que estoy experimentando, de forma natural y casi sin darme cuenta.

Como es lógico, Finlandia está llena de gimnasios privados que ofrecen de todo, desde entrenadores personales hasta clases de *spinning, crossfit* y yoga. De todos modos, mi primera impresión es que, para una gran mayoría de las personas, el ejercicio físico y el bienestar consisten en opciones sencillas y sensatas, como caminar, ir en bicicleta y nadar, que son actividades accesibles para todos y pueden llegar a ser una parte natural, casi anecdótica, de la vida diaria, más que un añadido forzado.

¡Hola, sisu!

En la base de todos los aspectos de mi gradual inmersión en el estilo de vida nórdico —debo confesarlo, a veces me cuesta un poco adaptarme a él y captarlo del todo («Oye, ¿vamos a crear espíritu de equipo al aire libre, en un parque natural?» «¡Pero si está nevando!»)—, se encuentra esta excepcional fuerza de voluntad finlandesa: la determinación de no rendirse nunca ni de tomar el camino fácil. Es decir, tener muchísimo sisu.

Al principio, confundo esta cualidad del sisu con la terquedad, la excentricidad o la frugalidad, que a mí me parecen ajenas y totalmente innecesarias.

Por ejemplo, tras haber crecido en una cultura dominada por los coches, me pone eufórica pensar que una de las ventajas de estar en una empresa de medios importante es una asignación para taxis a fin de acudir a tareas propias de mi trabajo, como entrevistas o ruedas de prensa, o al aeropuerto si se trata de trabajos en el extranjero.

Sin embargo, me quedo estupefacta cuando un colega (que goza de los mismos beneficios en cuanto al taxi) decide casi siempre ir en bicicleta a actividades laborales que se hallan a una distancia razonable, en vez de subirse a un coche pagado por la empresa.

Me quedo perpleja de verdad. ¿Por qué demonios decide alguien tomar el camino menos fácil? ¿Dar pedales en lugar de ir cómoda y relajada en un coche con chófer?

Más adelante comprendo que su decisión deriva del sentido práctico de los nórdicos, rematado con una saludable dosis de agallas. Tras haber estado varias horas en la oficina, ¿qué mejor que un poco de ejercicio y de aire fresco? Por no hablar de los beneficios medioambientales de tener un coche menos en la calle. Además, a veces la opción de pedalear puede ser realmente más rápida si supone avanzar sin estorbos por el carril-bici y no verse uno atrapado en el tráfico en hora punta.

En retrospectiva, considero que muchos de estos ejemplos relativos a colegas míos y a otras personas que he conocido en Finlandia son pequeños actos diarios de sisu.

De todos modos, antes de llegar a esta conclusión todavía queda un largo viaje.

La excepcional fuerza de voluntad finlandesa, la determinación de no rendirse nunca ni de tomar el camino fácil.

Una de las primeras veces que presto atención al término «sisu» es cuando empiezo a ir en bicicleta en el segundo invierno de mi estancia aquí. Mientras encaro la nieve y la temperatura gélida, un vecino que ve que me subo a la bici en el patio del edificio de apartamentos me dice: «*Olet sisukas!*», o sea, «¡eres valiente!». Lo tomo como un cumplido e interpreto que soy una tía genial que tengo sisu porque estoy haciendo algo físicamente exigente en condiciones meteorológicas difíciles. Más adelante, mi natación invernal genera los mismos elogios.

Antes había oído mencionar la palabra «sisu», pero nunca le di demasiada importancia. Empiezo a entender que *olet sisukas* significa algo más que ser solo una tía genial; más adelante, decido averiguar algo más sobre un término que, en Finlandia, aparece casi en todas partes, pues «sisu» es el nombre comercial de unas apreciadas pastillas de regaliz que se consumen desde 1928. Forma parte asimismo del lema o eslogan extraoficial del país, «Sisu, sauna y Sibelius», que, en mi opinión, pretende resumir la esencia del territorio y su identidad.

Lo de sauna y Sibelius está muy claro.

El país está lleno de saunas, públicas y privadas (según ciertas estimaciones, hay unos 3,3 millones para una población de 5,5 millones de personas), y es incuestionable el papel del baño de vapor finlandés como elemento clave del estilo de vida y la cultura. De hecho, es casi imposible visitar Finlandia y no tomar una sauna, o al menos ser invitado a esa experiencia.

En cuanto a Sibelius, se trata de Jean Sibelius (1865-1957), uno de los compositores finlandeses más famosos. Entre sus muchos éxitos se incluye la atrevida *Finlandia*, un himno nacional oficioso que estuvo prohibido durante el dominio ruso, que terminó en 1917. La independencia de Finlandia es motivo de gran orgullo para los finlandeses, que estuvieron sometidos durante seis siglos a los suecos antes de pasar a integrar, en 1809, parte del Imperio ruso como gran ducado. Esto quizás explique la rivalidad entre los finlandeses y los suecos en todo, desde el hockey sobre hielo hasta cualquier clasificación internacional del tipo que sea.

Sin embargo, cuando se trata de la esencia del sisu, la definición parece ser más escurridiza. Cuando pregunto a la gente, obtengo una diversidad de respuestas que podrían condensarse en una especie de consenso oficioso: «Tiene que ver con no darte por vencido, sobre todo cuando las cosas se ponen feas».

Los finlandeses suelen comentar que sus grandes victorias en la guerra y en el deporte se deben al sisu.

La referencia más habitual es el triunfo de Finlandia sobre la Unión Soviética durante la Guerra de Invierno. En 1940, la revista *Time* describió de forma elocuente esa singular característica de la resiliencia:

> Los finlandeses tienen algo que denominan «sisu». Es una combinación de alarde y valentía, de fiereza y tenacidad, junto con la capacidad para seguir luchando cuando la mayoría ya habría desistido, y hacerlo con voluntad de victoria. Los finlandeses traducen «sisu» como «el espíritu finlandés», pero tiene mucho más que ver con los redaños.

La Guerra de Invierno comenzó en noviembre de 1939 con la invasión soviética de Finlandia y concluyó con el Tratado de Paz de Moscú de marzo de 1940. Aunque los soviéticos tenían el triple de soldados, un número de aviones treinta veces superior, así como cien tanques por cada tanque enemigo, el ejército finlandés se las ingenió para engañar y desalentar a los soviéticos, bajo unas implacables temperaturas invernales que llegaron a los cuarenta grados bajo cero en una época del año en que el extremo norte de Europa estaba durante la mayor parte del día a oscuras.

Las imágenes de los soldados finlandeses en esquíes y con uniforme blanco, un camuflaje simple pero ingenioso con el nevado telón de fondo, llegó a ser símbolo de una resiliencia y una fortaleza especiales en la perseverancia ante lo aparentemente imposible. Aun siendo muchos menos que sus enemigos en casi todos los frentes, los finlandeses porfiaron y ganaron la paz. Aunque Finlandia tuvo que ceder algo de territorio a la URSS, la pequeña nación nórdica conservó su independencia pese a la superioridad de su adversario.

Entre otros ejemplos de sisu se incluyen asombrosas proezas deportivas, como la del corredor Lasse Virén en los Juegos Olímpicos de Múnich de 1972, que sufrió una caída en la prueba de los diez mil metros. No solo se levantó y siguió corriendo, sino que acabó ganando la medalla de oro... y estableció un nuevo récord mundial. Esto es auténtico sisu, como me dicen muchos finlandeses.

Pero ¿es el sisu algo específico desde el punto de vista cultural? ¿O cualquiera es capaz de forjar su resiliencia al estilo finlandés?

Me interesa muchísimo situar el sisu en el contexto de mi propia búsqueda de una vida más sana y, en última instancia, más feliz.

Creo que sacar provecho de una reserva de agallas o de resiliencia que no sabía que poseía (sea haciendo el esfuerzo de ir a nadar en agua fría cada mañana o montando en bici aunque haga mal tiempo) ha sido clave para disponer de una serie de herramientas que han mejorado mi bienestar mental y físico. Me ha permitido alejarme de la «indefensión aprendida», una actitud según la cual, a mi entender, poco podía hacer yo salvo aceptarme como una mujer ligeramente depresiva y apática a quien a veces le costaba levantarse de la cama por la mañana, y convertirme en alguien que se despierta temprano con la idea de darse un chapuzón antes de que empiece el día.

En mi afán por entender mejor el concepto de «sisu», he confeccionado una lista de preguntas. ¿Es el sisu una capacidad mental o un músculo que flexionamos? ¿De dónde viene? ¿Es un constructo cultural, parte de la marca de un país o un eslogan? ¿O bien, como sospecho yo, es una especie de actitud mental-corporal de la que cualquiera puede sacar provecho en cualquier parte? En mi intento por entender el término, al principio lo apliqué generosamente para que incluyera una cualidad que, en mi opinión, muchísimos finlandeses tienen en común: un enfoque de la vida basado en mostrar firmeza, estar al-aire-libre-haga-el-tiempo-que-haga, todo-hacerlo-uno-mismo (HUM).

Incluso cuando se trata de tareas domésticas, como limpiar la casa o las ventanas, que muchas personas podrían evitar encargándoselas a alguien, hacerlo uno mismo parece ser una fuente de orgullo y satisfacción personal.

¿Es el sisu una capacidad mental o un músculo que flexionamos?

Observo que este planteamiento HUM incluye

también arreglar cosas antes de ir volando a comprar otras nuevas, y asumir personalmente las reformas en casa en vez de encomendarlas a otros. En lugar de comprar, hacer.

En cuanto a esta resistencia especial, advierto que parece estar ligada a una suerte de actitud de «experiencias antes que pertenencias». Por ejemplo, durante el típico almuerzo del lunes, muchos de mis compañeros de trabajo hablan de actividades realizadas el fin de semana. Comprar o hablar de adquisiciones materiales casi nunca forman parte de la respuesta a la pregunta «¿qué tal el fin de semana?» o «¿qué hiciste?». En cambio, entre las respuestas más frecuentes se incluyen actividades al aire libre o en contacto con la naturaleza, al margen de la estación o del buen o mal tiempo: «Estuvimos en el bosque cogiendo bayas y/o setas, pescando en la casita de campo, nadando, esquiando o pasando unas minivacaciones en Estocolmo, Tallin, Londres o Berlín».

No es que, mientras crecía en Canadá, no estuviera acostumbrada a actividades al aire libre, pero aquí en Finlandia una dosis diaria de naturaleza parece formar parte del vocabulario de casi todo el mundo. Esto es, en parte, un reflejo de la urbanización relativamente tardía de Finlandia, acontecida durante las décadas de los cincuenta y sesenta. Antes de la Segunda Guerra Mundial, el setenta y cinco por ciento de los finlandeses vivían en áreas rurales; ahora casi el ochenta y cinco por ciento vive en ciudades o en zonas urbanas. Pero es algo más que esto: da la impresión de que llevan inscritos en el ADN esa enorme afición y ese gusto por la naturaleza.

Sencillez nórdica

A medida que va pasando el tiempo, cuando vuelvo a Norteamérica de visita, me sorprende lo complicada que parece ser la vida urbana en muchos aspectos.

Un día lluvioso de diciembre, en Vancouver, veo al activo hijo de seis años de una amiga prácticamente trepar por las paredes de su casa adosada. Cuando mi amiga dice que quizás el niño necesita medicación para tranquilizarse, la miro incrédula y con todo el tacto posible le sugiero que seguramente solo le hace falta salir y correr, y saltar y jugar. «Es normal que un niño pequeño esté lleno de vitalidad», digo, intentando calmarla. ¿Cuál es su respuesta? No quiere sacarlo de la casa porque se mojaría.

Desde un punto de vista nórdico, me resulta extraño que su primera idea fuera algún medicamento, no el ejercicio ni la actividad, y que no hubiera invertido en un buen chubasquero. Sobre todo teniendo en cuenta que Vancouver es una de las ciudades más lluviosas de Canadá, con un promedio de más de ciento cincuenta días de precipitaciones al año.

En otra ocasión, en la misma ciudad, estoy esperando a un buen amigo en una cafetería. Cuando llega, sin aliento, quejándose del tráfico y de lo difícil que es encontrar aparcamiento, lo primero que me viene a la cabeza es preguntarle por qué no ha venido andando o en autobús, pues vive a escasos kilómetros.

No se lo pregunto, en parte porque tengo miedo de sonar condescendiente, pero también porque creo que ya sé la respuesta. Ambos crecimos en una época en que, en Norteamérica, a finales de los ochenta y los noventa, el coche era (y en muchos sitios todavía lo es) una prolongación de uno mismo, un derecho fundamental. No se contemplaba, y sigue sin contemplarse, la posibilidad de no conducir un vehículo.

Partiendo de mi nueva perspectiva, también parece que muchas personas tienen una relación demasiado complicada y cara con otros ámbitos del bienestar, como la dieta o el ejercicio físico.

Una amiga de Nueva York está siempre experimentando con dietas nuevas, desde bajas en carbohidratos a altas en carbohidratos, pasando por las carentes de todo carbohidrato, según sea la tendencia del momento. Una de las más estrafalarias es la basada exclusivamente en una sopa en polvo que le lleva cada semana a casa un mensajero especial: paquetes a los que se añade agua, sin más. Otro amigo lo ha intentado todo, desde un régimen consistente solo en mantequilla de cacahuete hasta otro en el que solo hay pollo. Y a esta irritación del colon, podemos añadir ayunos y toda clase de limpiezas desintoxicantes promovidas por famosos.

Cada vez que alguien muestra entusiasmo sobre su ultimísima dieta (que esta vez «va a cambiarlo todo»), acabo pensando lo mismo: «Parece poco saludable e imposible de amoldarse a ella. ¿Por qué no seguir un método equilibrado y sensato y suprimir las galletas, los pasteles y las bebidas azucaradas?».

En marcado contraste, muchos de los escandinavos que conozco parecen enfocar la salud y el bienestar de una manera simple, mesurada, sin demasiados adornos. Hay personas que inician dietas y programas de ejercicios extremos, desde luego, pero cuando a un colega o amigo finlandés que ha adelgazado se le pregunta cómo lo ha hecho, la respuesta suele ser de este estilo: «He eliminado los postres adicionales y los refrigerios a última hora de la noche, como más verdura y he empezado a nadar y a pasear más». La gente casi nunca dice que ha estado siguiendo el régimen o los ejercicios de moda del momento.

Esto no equivale a sugerir que tenga nada de malo encontrar un programa de ejercicios que sea entretenido o una dieta que a uno le dé resultado. Sin embargo, por lo visto, muchísimas personas han delegado su bienestar en programas caros, prolongados, difíciles de seguir, que no funcionan y que, de hecho, quizá ni siquiera sean saludables.

En Finlandia, así como en las vecinas Suecia y Noruega, hay pocas personas con exceso de peso en comparación con otras regiones del mundo desarrollado. Desde 2014, se calcula que más de mil novecientos millones de adultos de todo el planeta tienen actualmente sobrepeso según la OMS, que ya habla de epidemia.

Esto no significa que «delgado» sea igual a «sano», pero hay riesgos reales para la salud relacionados con el sobrepeso, entre ellos la presión sanguínea elevada, que puede provocar enfermedades coronarias, diabetes tipo 2 y otras afecciones ligadas al estilo de vida.

En Finlandia me he encontrado con toda clase de actitudes positivas vinculadas al bienestar y a la imagen corporal.

Al parecer, los escandinavos arrastran muchos menos complejos con su cuerpo. Las mujeres y los hombres nórdicos tal vez no estén del todo satisfechos con su silueta, pero no libran una guerra contra ella, como sí hacen muchos norteamericanos y británicos que he conocido.

Quizá los finlandeses se sienten más a gusto con su imagen corporal porque han crecido en la cultura de la sauna. La sauna, en esencia un baño de vapor también conocido como «farmacia del pobre», es el no va más de la relajación y la limpieza: mientras estás sentado en el cálido vapor, eliminas toxinas a través del sudor.

En épocas remotas, la sauna era algo venerado. Las mujeres daban a luz ahí, pues el calor lo convertía en uno de los lugares más esterilizados para parir en aquel entonces. Según diversos estudios, la sauna finlandesa, además de distender y relajar los músculos al liberar endorfinas, alivia el dolor y ayuda a prevenir la demencia.

Lo que me sorprende es que la sauna también fomenta de maravilla la afinidad. Si creces viendo a gente desnuda, al final la desnudez no es un gran problema. Además, te haces mayor sabiendo que los cuerpos tienen toda clase de formas y tamaños. Lo normal y natural es «esto», no las imágenes estilizadas de cuerpos «perfectos» que vemos en los medios, en las redes sociales o en las revistas de moda.

La sauna finlandesa presenta otro aspecto significativo: la igualdad. No hay un sistema VIP: los expresidentes se sientan junto a los dependientes de comercio. En cierto modo, la sauna representa la naturaleza no jerárquica de la sociedad nórdica. Lo resume un popular dicho finlandés: «Todos los hombres han sido creados iguales; pero en ningún sitio lo son más que en una sauna».

Da la impresión de que casi todas las personas que he conocido en los países nórdicos han sido programadas culturalmente para pasar mucho tiempo en contacto con la naturaleza durante el año entero. Sobre todo en verano e invierno, descansan, se recuperan y recargan las pilas en la casita de campo familiar.

Por lo visto, la mayoría de los finlandeses saben qué setas y bayas son comestibles y cómo cogerlas, una habilidad muy útil, especialmente durante las crisis económicas. Si vives en un apartamento y no tienes un huerto propio, por todo el país existen miles de parcelas o huertos comunitarios (*siirtolapuutarhat*). Cualquiera puede alquilar o comprar un pequeño terreno y cultivar un surtido de hortalizas de la zona.

Mucho antes de que se convirtiera en una tendencia internacional, el concepto de «alimentos de proximidad» ya estaba incorporado en el estilo de vida nórdico.

Bienestar nórdico

Como los términos «bienestar» y «estilo de vida» se han puesto de moda, la prensa internacional dedica cada vez más artículos a analizar las diferencias de calidad de vida entre países de distintas partes del mundo.

En 2017, el Informe sobre la Felicidad Mundial, de la Red de Soluciones para un Desarrollo Sostenible de la ONU, clasificó a Finlandia como uno de los cinco países más felices del planeta, junto con las vecinas nórdicas Dinamarca, Islandia y Noruega.

Y en 2016 se estimó que Finlandia era el país más progresista del mundo. Según el Índice de Progreso Social de la entidad norteamericana sin ánimo de lucro Social Progress Imperative, todos los países nórdicos están entre los diez primeros; Finlandia el que encabeza la lista.

Lo fascinante acerca de este índice de progreso social es que no incluye el PIB, sino que evalúa indicadores sociales y medioambientales basados en «necesidades humanas básicas, fundamentos del bienestar y oportunidades».

Y lo que me llama la atención es la definición de

«progreso social», propia de un laboratorio de ideas: «La capacidad de una sociedad para satisfacer las necesidades humanas básicas de sus ciudadanos, establecer los elementos esenciales que permitan a los ciudadanos y las comunidades aumentar y mantener su calidad de vida, y crear las condiciones para que todos los individuos puedan alcanzar su pleno potencial».

Esta definición tiene que ver conmigo. La infraestructura finlandesa y su red de protección social me han ayudado a adquirir un estilo de vida sano y funcional que a mi esposo y a mí nos ha permitido criar a un hijo mientras trabajábamos a tiempo completo. Estuve durante muchos años en una importante empresa de medios antes de pasar a ser *freelance*. Gracias a mi labor como escritora, redactora y periodista de radio y televisión, he podido ver mundo. También he gozado de oportunidades profesionales, entre ellas un periodo de presentadora televisiva de noticias que inicié cuando tenía más de cuarenta años, algo que quizá no habría podido hacer en países donde imperan ciertas opiniones sobre la edad y el aspecto que hay que dar en la pantalla.

Muchos elementos positivos del estilo de vida nórdico que he descubierto proporcionan una excelente base para una vida más fácil, saludable, sostenible y equilibrada, conectada con el mundo natural.

También me doy cuenta de que Finlandia está muy bien calificada en otras comparaciones internacionales. En 2017, fue considerado el país más estable del mundo, según el índice de fragilidad de Estados; el país más libre junto con Suecia y Noruega; y el país más seguro de acuerdo con el Informe de 2017 sobre Competitividad en Viajes y Turismo del Foro Económico Mundial.

Finlandia no es ni mucho menos perfecta; ningún lugar lo es. Aquí la vida contiene muchos aspectos complejos, entre ellos los largos, fríos y oscuros inviernos que van acompañados de una singular melancolía que parece ser común a todas las regiones septentrionales; ese taciturno estado de ánimo a menudo reflejado en la novela negra nórdica y en la televisión.

Aunque Finlandia es un país líder en tecnología (donde han nacido empresas como Nokia, Linux o Supercell, junto con numerosas soluciones y servicios de salud digital), es en las opciones del estilo de vida nórdico natural, *offline*, donde he descubierto la mayor sensación de bienestar y de sisu. Se trata de recursos sencillos y baratos que no requieren aplicaciones especiales, artilugios raros ni equipos de precio prohibitivo, por lo que están al alcance de muchísimas personas con independencia de las limitaciones presupuestarias o de tiempo.

En todo el mundo estamos lidiando con muchos problemas parecidos, desde las preocupaciones medioambientales y la incertidumbre respecto al futuro hasta los riesgos para la salud relacionados con los estilos de vida sedentarios.

Muchos elementos positivos del estilo de vida nórdico que he descubierto proporcionan una excelente base para una vida más fácil, saludable, sostenible y equilibrada, conectada con el mundo natural.

Y resulta que, como demostraré a lo largo de este libro, prácticamente se puede acceder a todos estos elementos en cualquier parte del mundo. Cada uno de los capítulos siguientes está dedicado a un tema concreto y a cómo puede servir este para fortalecer tu sisu.

En la tierra del sol de medianoche

Contrariamente a la creencia popular, en Finlandia no siempre hace frío. Además de una luz casi interminable durante los meses de verano a causa de la ubicación geográfica del país cerca de la cima del mundo, el tiempo es (de vez en cuando) templado, como ocurrió con la ola de calor de cinco semanas de hace unos veranos, cuando los termómetros superaron los veinticinco grados centígrados durante más de treinta y cinco días seguidos.

A principios de agosto, una tarde de un día laborable durante ese cálido verano, estoy en la orilla de la isla de Helsinki, Katajanokka, donde vivo con mi familia. Me encuentro a unos minutos a pie del muelle donde nado en invierno, más allá de las hileras de edificios de apartamentos *art nouveau* de tonos pastel y frente a los rompehielos fuera de servicio: barcos diseñados para atravesar el hielo y crear vías navegables, con sus peculiares nombres finlandeses, como, precisamente, *Sisu*, *Urho* (valiente) o *Voima* (poder), que navegan por el Báltico durante los meses invernales.

Un pequeño grupo de nosotros, la mayoría gente del barrio, paseamos por el muelle de madera, un lugar tradicionalmente utilizado para lavar alfombras de retales (confeccionadas a partir de ropa y telas de casa desechadas) con jabón natural de pino. Esta costumbre finlandesa se remonta a muchas generaciones atrás; aunque ha habido planes para eliminarla gradualmente por los efectos del jabón en el agua del mar, el muelle sigue ahí.

Mientras media docena de niños se animan alegres unos a otros al tiempo que saltan al mar desde las barandas, yo me refresco en el agua con mi buena amiga Tiina.

Ambas nos reímos cuando un chaval rubio adopta una serie de posturas de superhéroe en el parapeto antes de lanzar al mar su pequeño y vigoroso cuerpo.

El vínculo natural

Tiina, periodista, tiene más de cincuenta años, aunque aparenta diez menos. Irradia una belleza sana y posee una vitalidad inspiradora, como casi todas las mujeres que he conocido en Finlandia. Y al igual que ellas, es una persona culta que ha viajado y habla varios idiomas.

Además de diversos intereses profesionales, tenemos en común muchas cosas, entre ellas una admiración recíproca por los hijos respectivos (Tiina tiene dos niños pequeños, y yo uno más mayor) y la afición a nadar durante todo el año (fue ella quien me inició en la costumbre de lanzarme al agua en invierno) y a ir en bicicleta prácticamente a todas partes. Decido tenerla como consejera para algunas de mis preguntas sobre el bienestar nórdico toda vez que ella suele hacer críticas constructivas por su profesión y es humilde por naturaleza en el sentido de que «no hay ninguna actitud especial» que caracterice a su generación.

Desde mi óptica norteamericana, es un lujo vivir tan en el centro de una capital y ser capaz de ir en bici o andando casi a cualquier sitio. Nuestra isla tiene una mezcla de pisos de propiedad y de alquiler, de modo que para vivir aquí no hace falta ser rico.

Si viviera en la ciudad donde crecí, seguramente dedicaría dos o tres horas diarias a ir y venir del trabajo al volante. Eso equivaldría a estar al menos diez horas a la semana, o cuarenta al mes, dentro de un coche. En cambio, dependiendo del día, ahora paso entre treinta minutos y una hora o más al aire libre montada en la bici, respirando aire fresco y haciendo ejercicio durante mi «migración pendular».

Dada mi propia constatación gradual del vínculo entre las dosis cotidianas de naturaleza y el bienestar, pregunto a Tiina si cree que esta conexión con la naturaleza mantiene a la gente de Finlandia sana y consciente del contexto medioambiental en su conjunto. Ella hace una pausa, piensa y asiente con la cabeza.

«En general, así es. Para mí, estar al aire libre es básico para mi bienestar físico y mental», contesta. «Cuando tenía treinta y pocos años, me di cuenta de que si no estaba en el exterior cada día, sentía como si me marchitara. Cuando empecé a mantenerme físicamente activa esquiando en invierno, yendo a cursos de gimnasia y desplazándome en bicicleta a todas partes, me encontré mucho mejor, más sana y fuerte», explica.

Lo que permite ir en bicicleta y bañarte en el mar todo el año se debe parcialmente a la infraestructura nórdica, basada en el principio en otro tiempo conocido como «el estado de bienestar de un bien común compartido». Esto significa menos diferencias en cuanto a ingresos e impuestos algo más altos, con la idea de que todo el mundo tenga acceso a las guarderías, a la asistencia médica, la educación y otros beneficios, como el disfrute de amplias zonas verdes.

Se me pasa por la cabeza que acaso esté viviendo en una especie de burbuja *hippie* en Helsinki.

Así que le formulo la pregunta a Tiina. ¿Tenemos una suerte inmensa por vivir en este entorno urbano natural, o la vida es así para la mayoría de las personas residentes en la ciudad?

«Es curioso que lo plantees de este modo —dice—. Claro que somos afortunados, pero el contacto con la naturaleza es algo tan normal en la vida de los finlandeses (lo llevamos en los genes) que lo damos por sentado. La naturaleza está en todas partes, y el acceso a ella está incorporado en la infraestructura pública.»

Helsinki es una de las pocas capitales europeas rodeadas de mar casi por completo, con cien kilómetros de litoral y unas trescientas treinta islas esparcidas frente a la costa. Hay numerosas playas para bañarse en verano y varios lugares para nadar en invierno en torno al denso centro urbano, así como en la periferia y el medio rural.

En comparación, las zonas ribereñas de muchas ciudades del mundo están contaminadas o se ha construido en la costa, lo que limita el acceso al agua.

Tiina señala que en Helsinki, como pasa en muchas ciudades nórdicas, es fácil prescindir del coche. «La infraestructura contribuye a que el coche sea innecesario gracias a una eficiente y rápida red de transporte público. Los urbanistas están continuamente volviendo la ciudad más transitable para la gente que va a pie o en bicicleta», dice.

Además de mantener los carriles bici todo el año (incluida la retirada de la nieve de los anillos ciclistas), el Ayuntamiento de Helsinki ha conectado su sistema de bicicletas compartidas al sistema de transporte público. Eso significa que cabe utilizar los bonos de transporte para tomar prestada una bici.

En la región de la capital y también en el resto del país existen grandes extensiones de bosques y parques públicos. El concepto de «derecho de todo ciudadano» (*jokamieehen oikeus*) significa que todos pueden caminar, esquiar o ir en bicicleta por el campo siempre y cuando no dañen el entorno natural ni la propiedad privada de nadie. También todo el mundo tiene permiso para nadar tanto en aguas continentales como en el mar. (Asimismo, se pueden coger bayas, hierbas y setas.)

Tiina y yo terminamos nuestro baño bajo el último sol de la tarde, una gran esfera naranja encima del horizonte.

En esta época del año, en Helsinki hay unas diecisiete horas de luz solar. El sol, que esta mañana ha salido a las cinco, se pondrá justo después de las diez.

Subimos al muelle, donde nos secamos y charlamos un rato con algunas personas conocidas. A continuación, caminamos hasta el césped lindante con los abedules donde están aparcadas las bicicletas, nos despedimos y cada una se va a su casa.

Mientras pedaleo, no se me va de la cabeza la idea de consolidar una fuerza adicional (mental y física) mediante actividades, en concreto de esparcimiento al aire libre. Mi experiencia ha sido similar a la de Tiina: cuanto más tiempo estoy por ahí, mejor me siento.

Antes de mudarme a Finlandia, mi desconexión con respecto a los bosques y la naturaleza contribuyó sin duda a mi depresión y mi ansiedad: lo natural simplemente no estaba integrado en la estructura de mi vida cotidiana. En universidades de todo el mundo, desde la de Stanford hasta la de Helsinki, diversos investigadores han demostrado que la gente de la ciudad que pasa poco tiempo en la naturaleza o en entornos naturales sufre mayores índices de depresión, ansiedad y otras enfermedades mentales.

En 2005, Richard Louv, autor del innovador superventas *Last Child in the Woods*, acuñó el término «trastorno por déficit de naturaleza», con el que hacía referencia a los innumerables problemas de salud, muchos de ellos psicológicos, que padecen los niños por pasar demasiado tiempo dentro de casa, a menudo en un mundo virtual, y no el suficiente al aire libre.

Además del vínculo natural, el comentario de Tiina sobre sentirse uno más fuerte trasciende la idea de fuerza meramente física y encaja con el singular sentido finlandés de «entereza».

La gente de la ciudad que pasa poco tiempo en la naturaleza o en entornos naturales sufre mayores índices de depresión, ansiedad y otras enfermedades mentales.

Más tarde, mando a Tiina un mensaje en que le pregunto qué opina sobre el significado de «sisu».

Y me responde lo siguiente: «De entrada, no estoy totalmente segura de lo que significa; pero de pronto se me ocurre cierta cualidad masculina, quizás incluso machista. Pensándolo mejor, en realidad diría que las mujeres estamos llenas de sisu, maldita sea; somos persistentes, obstinadas y cargamos con toda clase de responsabilidades. En el contexto finlandés, esto tiene razones históricas: los hombres se iban al bosque, a trabajar o a la guerra, y las mujeres quedaban al cargo de muchas cosas importantes, desde llevar una granja o el negocio familiar a ocuparse de la casa y los niños».

Cuando le pregunto si, a su entender, el sisu está relacionado con el bienestar, dice que esto le lleva a recordar a los viejos esquiadores de fondo de setenta y tantos y ochenta y tantos años que ve por todo el país y que están en una forma excelente y muestran una resistencia tremenda.

Seguimos hablando de la idea, y Tiina se extiende sobre ella: «Aunque el sisu se pueda vincular a los deportes, para mí es una especie de firmeza y de resiliencia para hacer que todo funcione, pese a los contratiempos de la vida. No tiene que ver con ser competitivo, como ganar una maratón, sino con sobrevivir y prosperar en la existencia diaria».

«Entonces, ¿es una cualidad finlandesa?», le pregunto.

«No, no necesariamente —contesta—. Pero sí es algo nórdico. Si pienso en la novela negra norteamericana tradicional, cuando la heroína recibe una paliza, se va a casa, se da un baño y se sirve un vaso de whisky. En la versión nórdica, la misma heroína se daría un chapuzón invernal y luego se encaminaría a la sauna a lamerse las heridas: menos heroísmo y más esfuerzo y concentración para salir adelante.»

Aunque Tina y yo somos personas adultas con una profesión exigente, una familia de la que cuidar y facturas que pagar, me da la impresión de que, en muchos aspectos, estamos viviendo una especie de cuento de hadas.

Se me ocurre esto mientras leo un cuento antes de dormir a mi hijo de cuatro años. Quizá es porque mi pequeño está acurrucado a mi lado, pero el caso es que, de algún modo, nuestras jóvenes vidas en una pequeña isla, junto al mar, me traen a la memoria los populares cuentos de hadas sueco-finlandeses donde aparecen los adorables mumins, que emprenden aventuras en el mundo natural dotados de gran curiosidad y capacidad para asombrarse.

Lo que al principio fue un conjunto de populares libros infantiles, las historias de los mumins de la escritora y artista Tove Jansson (1914-2001), acabaron siendo una tira cómica encargada por la Associated Press en 1948, que después fue adaptada y convertida en historietas, películas y series televisivas. La analogía parece oportuna, pues Jansson vivió de niña en nuestra isla de Katajanokka. De hecho, en un reciente homenaje a su vida y su obra, se ha dado su nombre a un parque situado justo en la misma calle donde vivimos nosotros.

Por otra parte, esas historias originales de los mumins también incluyen dosis de sisu. Little My, esa niña independiente a más no poder, valiente y traviesa, que es adoptada por los mumins, siempre consigue escapar de cualquier situación apurada.

Sisu cotidiano HUM

- *Ve en bicicleta o andando al trabajo o la escuela, o al menos parte del camino, si es posible.*

- *Intenta arreglar o reparar las cosas antes de tirarlas y de comprar otras nuevas.*

- *Adopta hábitos diarios simples, como ir por las escaleras en vez de tomar el ascensor.*

- *El invierno y las condiciones climatológicas duras se dan en muchas partes del mundo: abrígate y acepta los elementos.*

- *Si sueles delegar algunas de tus tareas domésticas, procura hacerlas tú mismo durante una semana.*

- *Introduce un poco de naturaleza en tu fin de semana: dar un paseo por el bosque, hacer una excursión a la playa, plantar unas hierbas en el huerto, incluso nadar al aire libre.*

CAPÍTULO 2

En busca del sisu: cultivar una mentalidad sisu

Mucho antes de descubrir lo mucho que nos afecta el entorno y los hábitos cotidianos, uno de los primeros bálsamos para cuando me siento desanimada es leer. Como afortunadamente mis juiciosos padres me inculcaron el gusto por la literatura, desde muy temprana edad (a los cinco o seis años) he sido una lectora voraz.

Las historias y los libros me inspiran y me sostienen, a menudo procurándome una muy necesaria evasión cuando empieza a acercarse esta conocida sensación de hastío.

Uno de mis primeros recuerdos infantiles es estar sentada con las piernas cruzadas con mi peto de mezclilla azul y mi camiseta naranja en el círculo matutino del primer curso en la escuela primaria. Comenzamos a cantar la canción ABC y suspiro mientras pienso: ¿Esto ha de ser realmente así? ¿Vamos a pasarnos el resto de nuestra vida cantando ABC?

Sin embargo, llega de pronto la salvación cuando la profesora se pone a leer el mágico *Donde viven los monstruos*, de Maurice Sendak. Mientras va pasando las ilustradas páginas, me invade el entusiasmo, el alivio y la impresión de que, a pesar de todo, las cosas pueden acabar bien; pues a lo largo de ese clásico infantil lleno de aventuras sobre un niño solitario llamado Max que se libera gracias a su imaginación, noto una maravillosa sensación de esperanza.

La cuerda de salvamento de la literatura me ha seguido acompañando durante la adolescencia y la edad adulta.

El segundo momento fundamental de mi terapia lectora es el descubrimiento de un grueso montón de números del *New Yorker* en la cabaña de la familia de un amigo, en las islas del Golfo, frente a la costa de la Columbia Británica. Estamos a finales de los ochenta, y yo soy una adolescente torpe e insegura que siente curiosidad por todo. Mientras leo atentamente las páginas de la revista, se abre ante mí un nuevo mundo cosmopolita de tal modo que aquellos números atrasados suponen mi iniciación en la escritura, el arte de contar historias y el periodismo, y la idea de una posible profesión.

Casi un cuarto de siglo después, en el otro extremo del globo está el *New Yorker,* que me proporciona mi primer vínculo concreto entre la idea del sisu y la alegría.

En la primavera de 2016, el *New Yorker* publicó un artículo titulado «El glosario de la felicidad», en el que la escritora Emily Anthes cuenta que Tim Lomas, profesor de psicología positiva aplicada en la Universidad del Este de Londres, se inspiró en la palabra «sisu» para crear su Proyecto Lexicográfico Positivo. Según Anthes, dicho proyecto defendía la idea de que en otras lenguas debe de haber palabras sin traducción directa al inglés que describan rasgos positivos.

En el artículo se dice que Lomas asistió a una exposición sobre el sisu a cargo de Emilia Lahti, estudiante de doctorado en la Universidad Aalto de Helsinki, con motivo de una Conferencia Internacional sobre Psicología Positiva.

Anthes define el sisu como algo parecido a la perseverancia o las agallas, sin ser lo mismo. Y Lomas observó que, para Lahti, el sisu era una cualidad universal.

Gracias al *New Yorker* encuentro lo que estaba buscando, quizás a una de las principales investigadoras mundiales sobre el sisu: Emilia Lahti.

Cuando conozco a Lahti, es una de las ponentes de un seminario sobre el sisu organizado en Helsinki por la Academia Finlandesa de las Ciencias y las Letras, que forma parte de las celebraciones por el centenario de la independencia del país.

Cuando sube al estrado, Lahti, de treinta y tantos años, sonríe amablemente e irradia una positividad contagiosa que ilumina la estancia. Vestida con una blusa negra, botas y vaqueros, y luciendo un reloj deportivo en la muñeca (también suele correr ultramaratones), se presenta como investigadora y activista social interesada en la justicia social y la psicología positiva aplicada, con sendos másteres en psicología positiva aplicada y psicología social. Estudió con el doctor Martin Seligman, pionero de la psicología positiva, autor de superventas entre los que se incluyen *La auténtica felicidad* y *La vida que florece* y a quien se atribuye, entre otros muchos logros, la teoría de la «indefensión aprendida».

Fue mientras estudiaba en la Universidad de Pensilvania cuando Lahti llevó a cabo su innovador trabajo de investigación sobre el sisu bajo la tutoría de la doctora Angela Duckworth, profesora y psicóloga, autora del éxito de ventas *Grit: el poder de la pasión y la perseverancia*.

En su exposición, Lahti describe el viejo constructo finlandés como algo relacionado con la dureza mental y la capacidad para aguantar un estrés significativo mientras se actúa para superar toda clase de adversidades: «En su país de origen, el sisu es una forma de vida, una filosofía, que ha tenido una gran influencia en la vida de numerosas generaciones». Explica Lahti que la palabra significa literalmente «agallas, coraje». «En finés, *sisus* es algo interior.» Luego pasa a citar al compositor Sibelius:

«El sisu es como una inyección metafórica de energía que permite al individuo hacer lo imposible».

Al contar Lahti su propia historia, hace mención especial de Duckworth, su tutora, quien la orientó en su etapa de estudiante de posgrado. «Angela vio algo en mí y en mi trabajo. Cuando estaba yo cavilando sobre mis temas de investigación, me animó a escoger uno que se centrara en el sisu.»

Sentada en la gran sala de conferencias de la Casa de los Estados, uno de los edificios más majestuosos del centro de Helsinki, identifico en la descripción de Lahti un tema conocido con el que me he encontrado muchas veces. Debido a su humildad, los finlandeses suelen ser poco conscientes de lo interesantes, ejemplares o excepcionales que son algunos de sus conceptos. A menudo hace falta que alguien de fuera (en este caso, Duckworth) señale lo fascinante o digna de ser investigada que puede llegar a ser una concepción finlandesa.

Como subraya Lahti en su trabajo y en sus conclusiones, una de sus definiciones de sisu («la importancia de estar en situaciones que nos ponen a prueba y nos permiten averiguar de qué somos capaces») se hace eco de descripciones de otras muchas personas de lo que, en su opinión, significa este temple finlandés.

Como muchas personas apasionadas por lo que hacen, Lahti también tiene un interés personal en sus investigaciones: es una superviviente de la violencia doméstica, lo que suscitó su preocupación por esta capacidad para superar grandes adversidades.

Como participante en ultramaratones, Lahti sigue un riguroso programa de entrenamiento. Mientras escucho su exposición, me hago una pregunta: ¿un cuerpo fuerte crea una mente fuerte que a su vez posibilita más sisu? Partiendo de mi experiencia, así lo creo, desde luego.

Más adelante, dándole vueltas a la cuestión, llamo a André Noël Chaker, abogado de origen canadiense y uno de los principales conferenciantes de Finlandia, empresario y escritor, que a lo largo de las dos últimas décadas se ha forjado una brillante carrera profesional en el país. Como ha dedicado un capítulo entero al tema del sisu en uno de sus superventas, *The Finnish Miracle: 100 Years of Success*, le pregunto si estar físicamente fuerte ayuda a desarrollar una resiliencia especial. «Sin duda —responde—. Me he pasado la vida aprendiendo sobre el sisu, sobre no desistir... A tal efecto, he sido un vehemente nadador invernal, corredor de maratones y triatleta.»

En una charla TED de 2014, Chaker da una definición atinada del sisu: «Fría determinación que te lleva a hacer lo imposible».

Aproximadamente un mes después, Emilia y yo establecimos contacto mediante Skype para ahondar en el asunto.

Le pregunto por la conexión mental-corporal con el sisu. El bienestar físico en clave de buena salud y cuerpo sano, ¿afecta a la firmeza del sisu psicológico?

«En realidad, esta es ahora para mí una cuestión crucial —contesta—. Cuando comencé a estudiar el concepto del sisu, lo observaba con la perspectiva de la psicología y la mente. De hecho, hace muy poco que están empezando a aparecer más investigaciones sobre la cognición corporizada», teoría según la cual el cuerpo influye en la mente.

Lahti dice que acabó reparando en la relación entre al cuerpo y la mente a principios de 2017.

Parte del problema, según explica, es que antes definía el sisu como una cualidad no cognitiva, como las agallas. Lo no cognitivo hace referencia a actitudes y conductas como la integridad y la compasión, que no nos exigen pensar ni están conectadas directamente con la inteligencia.

Una noche, se encontraba bloqueada con un trabajo de investigación; entonces, decidió parar y acostarse. «Mi instinto me decía que estaba pasando por alto algo de veras importante», dice.

Acto seguido, Lahti explica que, en las primeras horas de la mañana siguiente, todo cambió: «De repente, se me iluminó el cerebro entero: había tenido ante mí la respuesta correcta desde el principio. Recordé las entrevistas y los datos recogidos en el estudio de 2013, en el que se había encuestado a 1208 finlandeses y americano-finlandeses, una cifra elevada tratándose de una evaluación sobre todo cualitativa, y caí en la cuenta de que la conexión era muy evidente».

«Cuando la gente habla del sisu y quiere describirlo, se señala la tripa, como si estuviera literalmente ahí..., no apunta al corazón ni a la cabeza. La clave es la palabra *sisus*, que [en finés] equivale exactamente a "interior", o dentro de algo o de un ser vivo. Después me sorprendió que el sisu se asemejara a la encarnación somática de cierta firmeza mental. Lo que atribuimos a la mente (nuestra fuerza y capacidad para seguir adelante a toda costa) se refleja también en el cuerpo, en el ser físico.»

> **Cuando la gente habla del sisu y quiere describirlo, se señala la tripa, como si estuviera literalmente ahí..., no apunta al corazón ni a la cabeza.**

Así pues, el sisu es algo más que simplemente una actitud o una mentalidad psicológica, pues está vinculado al bienestar físico.

«Hablamos siempre del cerebro, pero están también las tripas. Por ejemplo, ciertos científicos han sido capaces de curar la depresión mediante la nutrición. Como atleta que soy, no puedo ser competitiva ni luchar mentalmente si no cuido mi tripa. Si la noche anterior a una carrera como pizza, esto afectará a mi rendimiento», dice Lahti.

Lahti hace alusión a diversas investigaciones según las cuales el intestino fabrica aproximadamente el ochenta por ciento (algunas estimaciones hablan incluso del noventa o del noventa y cinco por ciento) de la serotonina de la totalidad del sistema.

El neurotransmisor serotonina está relacionado con la función cerebral, el estado de ánimo y el bienestar mental. Los niveles bajos de serotonina tienen que ver con la depresión. La serotonina también ayuda a regular el sueño, la memoria, el aprendizaje y la libido.

«Para mí, la conexión mente-cuerpo está revelándose como la característica más definitoria de esta cualidad. En vez de considerar la fortaleza como una victoria del "pensamiento sobre la materia", sugiero que pensemos en la cooperación del "pensamiento con la materia"», dice Lahti.

¿Podemos incrementar nuestro sisu?

Le planteo la pregunta a Emilia Lahti: ¿es posible que una persona aumente su sisu?

Lahti no contesta con un «sí» o un «no», sino que dice: «A veces, las cosas más profundas son las más simples. Si preguntases a Angela Duckworth cómo fomentamos el coraje o las agallas, seguramente diría: "Aún no tenemos una respuesta definitiva". No obstante —prosigue Lahti—, Duckworth suele mencionar la mentalidad, así como la obra de Carol S. Dweck, profesora de psicología de Stanford, según la cual las creencias constituyen uno de los principales determinantes de nuestras acciones futuras».

«Para poder crecer, es importante desarrollar la mentalidad de que nuestras capacidades no son fijas. Esto tiene un impacto enorme, pues las creencias definen las acciones futuras y, por tanto, lo que somos susceptibles de hacer. Si no me creo capaz de poner fin a una relación abusiva o de correr una maratón, lo más probable es que no tome ninguna medida para hacer estas cosas», dice.

Curioseando en emilialahti.com, la página web de Lahti, que incluye numerosos textos y estudios sobre el tema de la resiliencia finlandesa, encuentro lo que estoy buscando en un fragmento escrito por ella: «El sisu da origen a lo que denomino "mentalidad de acción", cierta actitud valiente que contribuye al modo en que abordamos los desafíos. El sisu es un estilo de vida que sirve para transformar activamente en oportunidades los contratiempos que se nos presentan».

¿Significa esto que estar físicamente fuerte o en forma puede favorecer el sisu?

Lahti todavía no cuenta con los datos necesarios para confirmarlo, pero dice: «Si tuviera que formular una hipótesis, diría que la conexión mente-cuerpo es una dimensión del sisu. Es imposible saber dónde empieza un ámbito y termina otro; es una combinación de campos diferentes. Un ejemplo importante del que podemos dar fe es el poder de la cultura; la cultura como conjunto acordado de valores que, como comunidad, tenemos en gran estima. Me gusta que lleves viviendo en Finlandia el tiempo suficiente para saber que rendirse no mola; se trata prácticamente de un código tácito. Determinado entorno acaso propicie ciertos comportamientos, pues ajustamos la conducta porque queremos sentirnos aceptados en nuestra comunidad», explica Lahti.

Estar metida de lleno en una cultura de resiliencia me ha ayudado en el cambio de tener un carácter pasivo, cauteloso, con miedo a hacer cosas nuevas a ser una persona dispuesta a asumir riesgos, que van desde dejar voluntariamente un empleo seguro y a tiempo completo para trabajar como *freelance* hasta sumergir los dedos de los pies en agua gélida aquella primera vez. Pasé del «no puedo» o del «estoy demasiado cansada» al «lo intentaré», que acabó siendo un «¡vaya, sienta de maravilla!» o «si puedo hacer esto, ¿qué otras cosas puedo hacer?». Mi entorno ha contribuido a provocar este cambio.

> **Estar metida de lleno en una cultura de resiliencia me ha ayudado en el cambio de tener un carácter pasivo, cauteloso, con miedo a hacer cosas nuevas a ser una persona dispuesta a asumir riesgos.**

Los orígenes del sisu

Según la erudita y experta en lengua finesa Maija Länsimäki, el uso de la palabra «sisu» se remonta al menos a la década de 1500, cuando apareció en textos escritos que hacían referencia tanto a un rasgo de personalidad o algún aspecto del temperamento de alguien como al interior o lo más profundo de algo. En un diccionario publicado en 1745 por Daniel Juslenius, escritor finlandés, profesor y obispo, la palabra «sisucunda» se definía como el lugar del cuerpo humano donde se perciben las emociones fuertes.

Entre las primeras nociones de sisu «malo» se incluye ser demasiado terco, tener mala intención y no dar marcha atrás cuando eso podría ser lo más juicioso.

En un contexto contemporáneo, tener demasiado sisu significa esforzarse uno demasiado sin saber cuándo parar ni pedir ayuda, lo que provoca agotamiento y otros problemas graves de salud.

Lahti recalca la importancia de garantizar que el sisu se utiliza de manera constructiva: «También hemos de practicar la autoaceptación y ser comprensivos con los esfuerzos de las otras personas. El inconveniente del sisu es cierta idea tácita de que pedir ayuda es señal de debilidad. Esto crea un paisaje mental en el que las personas están muy solas frente a sus retos. Nadie puede aguantarlo. Si es importante hablar del sisu, también lo es hablar de la calidad del sisu individual y colectivo, así como reflexionar sobre aquello para lo que se utiliza».

Las penalidades históricas de Finlandia (incluida la Gran Hambruna de 1867, que provocó doscientos mil muertos, y las dos guerras mundiales, que acabaron con centenares de miles de vidas y obligaron a un enorme esfuerzo por reconstruir el país) han contribuido al desarrollo de la resiliencia.

En el discurso de clausura de los actos de 2012, cuando Helsinki fue Capital Mundial del Diseño, una destacada directora creativa finlandesa habló de lo que impulsa el diseño y la innovación en el país. A su entender, Finlandia libra una permanente Guerra de Invierno; los avances surgen cuando las cosas se ponen difíciles, no cuando son fáciles y placenteras.

Estudios sobre el sisu

La doctora Barbara Schneider es profesora en la Universidad del Estado de Michigan, en la Facultad de Educación y el Departamento de Sociología. Autora de más de quince libros y más de cien artículos académicos, Schneider ha desempeñado un papel significativo en el desarrollo de métodos de investigación para las mediciones de experiencias de aprendizaje en tiempo real. Es copresidenta de la Mindset Scholars Network [Red de Expertos en la Mentalidad], cuyo objetivo es «promover el conocimiento científico de mentalidades de aprendizaje para mejorar los resultados de los alumnos».

Además de hacer hincapié en cómo influyen los contextos sociales en el rendimiento académico y en el bienestar de los adolescentes, la doctora

Schneider muestra un especial interés en el concepto finlandés de «sisu».

Me inicié en la obra de Schneider en el mismo seminario de Helsinki sobre el sisu donde conocí a Emilia Lahti.

En ese acto, Schneider, una mujer menuda con una cálida sonrisa, es elegida para la Academia Finlandesa de las Ciencias y las Letras (también es doctora *honoris causa* de filosofía por la Universidad de Helsinki). En un breve discurso, habla de sus investigaciones sobre el papel del sisu en estudios comparativos con alumnos de secundaria finlandeses y norteamericanos.

El elogiado sistema educativo finlandés ha sido seguido muy de cerca en todo el mundo desde los primeros resultados PISA (el programa de evaluación internacional de estudiantes) en 2001, cuando, de entre todos los países de la OCDE, Finlandia obtuvo la máxima calificación en comprensión lectora, matemáticas y ciencias.

En la exposición de Schneider, hay una frase que tengo muy presente: «Observamos que, cuando el reto es superior al habitual, los chicos estadounidenses son más susceptibles de darse por vencidos, mientras que los finlandeses lo son mucho menos: siguen adelante más tiempo, incluso cuando el problema es muy peliagudo».

Concierto con Schneider una entrevista por teléfono para obtener más información.

Comenzamos hablando del contexto cultural del sisu.

«Si vas a los Estados Unidos, observas que entre las cosas que nos caracterizan están el individualismo y el consumismo. Allí cualquiera puede triunfar; lo único que ha de hacer es esforzarse mucho. Mientras tanto, en Finlandia seguimos adelante pese a las adversidades, cualesquiera que sean. Este tipo de entereza es una interiorización de tu talento para fortalecerte, para aceptar lo que te venga», explica. «Si te fijas en la historia de Finlandia (la hambruna, la capacidad para lograr la independencia, el clima), la gente ha sobrevivido gracias a esta especie de fuerza interior, el sisu, que no es lo mismo que las agallas.»

Para analizar por qué unos alumnos abandonan y otros no, Schneider y sus colegas finlandeses han estado unos cinco años estudiando experiencias sociales y emocionales en el contexto educativo mediante un programa creado por Robert Evans, ingeniero de *software* de Google.

Al ver que, según los datos, los chicos finlandeses eran menos propensos a claudicar ante una situación enrevesada, Schneider dice que eso era un hallazgo importante por diversas razones: «Sabemos que, en los Estados Unidos, los estudiantes no mantienen el interés y se aburren fácilmente en la escuela, y que hemos de buscar estímulos nuevos para el nivel de competencias», explica. «Nuestro verdadero interés es encontrar la manera de aumentar la implicación de la ciencia en el aprendizaje social, emocional y académico. Actualmente, a Finlandia le va extraordinariamente bien en la esfera científica; por otro lado, tras la secundaria los alumnos se desvinculan de ella: el problema, para ellos y para el mundo, es cómo promover entre los chicos el interés por la ciencia», añade.

Le pregunto a la doctora Schneider por qué le atrae todo lo relativo al sisu.

«Afrontamos el hecho de que el clima no es estable; la Tierra no es un lugar estable, lo cual tiene consecuencias reales en forma de calentamiento global. Hemos de confiar en que estos jóvenes experimentarán y modificarán cosas, y en que asimismo se amoldarán al probable futuro. Tenemos mucho interés en averiguar cómo podemos crear un espíritu más emprendedor entre los jóvenes, en que sepan más sobre ciencia, tecnología, creación de prototipos, etcétera, las habilidades que van a necesitar para mantener el planeta vivo y sano.»

El sisu, ¿se puede enseñar?

Schneider responde que no está segura. «Se trata de cosas que le suceden a la gente en el contexto de vivir en un lugar concreto y tener determinada identidad nacional. Es más bien una especie de orientación para la vida. No obstante, sí creo que se pueden enseñar cuestiones como la persistencia o la actitud de no desistir ante las dificultades. Desde mi punto de vista, el sisu es una de las explicaciones por las que Finlandia, habida cuenta de su escasa población, tiene tanto éxito en los informes PISA y es un país tan próspero, aparte del hecho de que invierte mucho en sus ciudadanos. De esto se trata, de hacer grandes inversiones sociales y en educación», señala Schneider.

Sí creo que se pueden enseñar cuestiones como la persistencia o la actitud de no desistir ante las dificultades.

Más o menos en la misma época, conozco a otro profesor norteamericano, Douglas, que es un experto en clásicos griegos y está pasando un año en Helsinki. En el muelle donde voy a darme mis chapuzones diarios, es uno de los muchos nadadores que van allí todo el año y con el que charlo.

Siempre interesada en la opinión de un forastero, le pregunto qué piensa sobre el sisu.

«El sisu requiere un ejercicio positivo de voluntad; es un músculo que entrenas», dice con tono categórico, confirmando lo que yo también he llegado a pensar.

Una mentalidad sisu

- *El sisu es un viejo constructo finlandés concerniente a la dureza mental, la forta- leza y la resiliencia.*

- *Es la capacidad para soportar un estrés significativo, mientras se pasa a la acción ante lo aparentemente imposible.*

«El sisu te procura lo que llamo una "men- talidad de acción"; una actitud valiente que interviene en el modo de abordar los desafíos. El sisu es un sistema de vida para transformar activamente en oportunidades los contratiempos que se nos presentan.»

Emilia Lahti, experta en sisu

- *En vez de «no puedo» o «no lo haré», también podría ser «¿cómo lo hago?»*

- *La buena salud física y el bienestar ayudan a fortalecer el sisu.*

CAPÍTULO 3

Curas de agua fría: nadar en invierno, ¿puede aliviar los síntomas de la depresión, el estrés y la fatiga?

La primera vez que me tiro al agua en invierno es el día de San Valentín, muy celebrado en Finlandia, pero, a diferencia de otras partes del mundo, dedicado más a la amistad que al amor romántico.

En retrospectiva, teniendo en cuenta lo rápidamente que me enamoro de esta práctica y de los muchos amigos y conocidos que le debo, parece oportuno que mi primera incursión en las heladas aguas se produzca un día que en el calendario está marcado por la palabra «cariño».

La oportunidad de intentarlo aparece en forma de invitación fortuita cuando una noche, en una cena en casa de mi amiga Tiina, conozco a un grupo de entusiastas nadadores invernales.

Así es como una glacial y oscura noche de febrero me veo luciendo apenas un bañador y un gorro de lana, de pie en el muelle, junto a Riikka, que se contaba entre los fervorosos aficionados a nadar que conocí en la fiesta. Mujer de aspecto juvenil con tres hijos adultos y que también lleva su propio negocio, Riikka parece más una adolescente que una persona de mediana edad.

Sopla un viento ártico.

Tirito.

Antes de empezar, Riikka me da algunas indicaciones, aparte de ofrecerme sus guantes y sus zapatos de goma, pues la gravilla antideslizante que se echa sobre el hielo durante los meses invernales puede hacer daño si andas descalzo, y las extremidades como las manos y los pies son muy sensibles al frío extremo. Riikka, como casi todos los nadadores, lleva un gorro de lana para mantenerse caliente, y yo también llevo uno puesto por consejo suyo.

He examinado las normas generales de seguridad pegadas a la pared del vestuario: no se debe ir a nadar en invierno después de consumir alcohol, si se tiene fiebre o gripe o si se sufre alguna otra enfermedad, por ejemplo, trastornos cardiacos, presión sanguínea elevada o asma, sin consultar antes a un médico. Al sumergirse en el agua hay que ir con cuidado: es aconsejable hacerlo poco a poco para que el cuerpo vaya adaptándose al agua fría; también se recomienda ir con un amigo.

Riikka es la primera en zambullirse y me muestra cómo hay que meterse en el agua antes de ponerse a dar unas cuantas brazadas. A mí esto me parece de una bravura tremenda, y ya estoy esperando mi turno con cierta sensación de miedo, diciéndome una y otra vez: «¡Qué cosa tan ridícula estoy a punto de hacer!».

Cuando me toca a mí, me hundo despacio en el agua gélida jadeando mientras se me ensanchan los ojos porque el mar está asombrosa y exasperantemente frío (dos grados centígrados). Soy capaz de bajar por la escalera solo unos escalones, de modo que el agua fría a más no poder me llega a la altura del pecho, y al instante vuelvo a trepar al muelle.

Mi primer instinto es regresar corriendo al edificio de la sauna en busca de calor. Pero entonces, de repente, en todas las partes del cuerpo ahora entumecidas y que estaban sumergidas en el agua se empieza a notar un hormigueo, y el dolor del frío es sustituido por una sensación cálida. Es como si me hubieran dado un masaje o me hubiera tomado un analgésico fuerte cuyos efectos comenzaran a surtir efecto.

De repente, en todas las partes del cuerpo ahora entumecidas y que estaban sumergidas en el agua se empieza a notar un hormigueo, y el dolor del frío es sustituido por una sensación cálida.

Regresamos para tomar una ducha seguida a continuación por una sauna caliente, que, tras el agua glacial, sienta de maravilla. Mientras Riikka echa agua sobre las piedras calientes, me mentalizo para otro chapuzón rápido antes de marcharnos, pues me noto como nunca.

Hacía siglos que no dormía como esta noche. Es como si mi estrés y mi cansancio hubieran sido reemplazados por una calma satisfecha, una sensación poco habitual en mí.

El arte de una zambullida gélida

Muchos de los clubes de natación invernal finlandeses tienen listas de espera, pero estoy de suerte. Resulta que el de Riikka, situado a apenas unas manzanas de donde vivo en esa época con mi esposo y mi hijo, está aceptando nuevos miembros.

Me inscribo enseguida por una cuota anual de unos cien euros, lo cual significa que, entre las horas comprendidas entre las seis de la mañana y las diez y media de la noche, siete días a la semana durante la estación, es decir, desde noviembre a marzo, tengo acceso al muelle, a los vestuarios, a las duchas y a la sauna.

Al principio voy algunas tardes a la semana, pero necesito casi una estación entera antes de ser de verdad capaz de meterme en el agua y dar algunas brazadas (nunca he nadado especialmente bien). En esta primera temporada me limito a un primer chapuzón rápido en el que apenas sumerjo los hombros, tras lo cual chillo (por dentro), salgo y me dirijo a la sauna para entrar en calor antes de hacer una segunda inmersión, esta vez algo más larga.

Sin embargo, en la tercera temporada soy capaz

de meterme directamente en el agua y nadar unos treinta segundos o así. A medida que mi aguante y mi sisu aumentan, desarrollo una resistencia mayor al frío; esos primeros segundos de inmersión ya no son tan dolorosos. También adopto la mentalidad de que «quien no arriesga no gana», pues sé que estos segundos iniciales de malestar extremo serán recompensados por una fabulosa sensación de felicidad.

Mi nueva afición desencadena una serie de cambios.

El subidón de endorfinas y la naturaleza positiva de la socialización con personas que se sienten de fábula hacen maravillas con mi estado de ánimo, sobre todo tras un día ajetreado en la sala de redacción o apresurándome para cumplir con un plazo de entrega.

Por la noche, cuando tengo esta sensación de «¡necesito una copa!» después de una jornada laboral agitada, voy a darme un chapuzón rápido en lugar de agarrar una botella.

El efecto eufórico posterior a la zambullida me recuerda el zumbido que solía notar tras beber unos cuantos vasos de vino y librarme de mí misma y de mis sentimientos de ansiedad. Pero el zumbido que provoca el agua fría no tiene los desagradables efectos secundarios del alcohol, como dormir mal o sentirte cansada y perezosa al día siguiente. Enseguida me doy cuenta de que mi tratamiento de agua fría me proporciona un estímulo más puro y fuerte que una o dos copas de vino.

Durante mucho tiempo he tenido una relación conflictiva con el alcohol, del que se conoce bien su condición depresiva; por lo general, no es la opción más recomendable para los propensos al abatimiento. Como es lógico, soy plenamente consciente de ello y también soy la orgullosa propietaria de diarios y cuadernos que abarcan al menos veinte años, llenos de listas de propósitos de autosuperación en que aparece un asunto una y otra vez y con tono lastimero: «¡Beber menos!».

En todo caso, debo esperar a descubrir esta forma glacial de terapia de choque, que alivia casi todas las aflicciones de mi alma y mi cuerpo, para caer en la cuenta de hasta qué punto la bebida ha sido un intento de mejorar mi estado de ánimo.

Nadar en invierno me ha convertido en una abstemia; aún disfruto de una copa de vino o de champán en alguna ocasión especial, pero el alcohol ya no es la solución idónea.

También hay una ecuación muy sencilla: cuanto menos bebo, mejor me siento y más feliz soy. Sea como sea, he tardado casi toda una vida en llegar aquí.

Un remedio para una gran variedad de achaques

Mis chapuzones fríos también me brindan un remedio natural para muchas otras dolencias, desde el agotamiento y el estrés a la tensión muscular y cervical que sufro por pasar demasiadas horas inclinada sobre un teclado. En vez de tomarme un analgésico, empiezo a experimentar primero con las zambullidas. En muchos casos surte efecto y el dolor remite.

Empiezo a considerar que el mar es mi farmacia, toda vez que al parecer muchos problemas y pesares se quedan en el agua. Es una sensación compartida por mis compañeros nadadores.

Mis chapuzones fríos también me brindan un remedio natural para muchas otras dolencias, desde el agotamiento y el estrés a la tensión muscular y cervical.

Mi nuevo hábito tiene también un efecto meditativo: me obliga a estar presente en el momento, una destreza valiosa para alguien acostumbrado a cavilar mucho, una característica de la depresión y la ansiedad. Además de los efectos fisiológicos positivos del hecho de alternar caliente (sauna) y frío (nadar), que relaja tanto los músculos como la mente, el agua helada me da vida al instante. Interrumpe cualquier obsesión que esté dándome vueltas en la cabeza («debo hacer esto, debo hacer aquello, ¿he hecho lo correcto?») y me obliga a estar presente, a tocar, sentir, oír, ver, incluso saborear el momento en cuestión.

Esta pausa, aunque sea solo de treinta segundos en el agua, funciona como una tecla de reiniciar. Y la evasión temporal hace que todo parezca mucho más manejable. Gracias a esto, en vez de centrarme en lo que parece estar mal en el mundo, paso a centrarme en lo que está bien.

Además de proporcionarme un tratamiento para una amplia variedad de trastornos, la terapia de frío me ayuda a aliviar el nivel de dolor de baja intensidad que sufro con frecuencia, que es un síntoma de la depresión. No se trata de un dolor concreto, sino de una vaga sensación letárgica que me impide encontrar la motivación necesaria para hacer cosas. Al descubrir que esta sensación de fatiga desaparece de golpe con una inmersión helada y que es reemplazada por una fabulosa vitalidad omnipotente, reparo en que dispongo de una solución fácil para gestionar mi agotamiento.

Además, no estoy sola. Mientras voy conociendo a los numerosos y dinámicos nadadores invernales, que tienen edades comprendidas entre la adolescencia y los ochenta y tantos, y que ejercitan acciones diarias de sisu mediante los baños en invierno, escucho sus historias sobre por qué vienen a *avanto*, como se dice en finés, y acerca de qué provecho sacan de ello.

Me obliga a estar presente en el momento.

Aunque en el muelle del club de natación invernal también charlo con hombres, a las que conozco mejor es a las mujeres, pues compartimos el vestuario y la sauna.

Están las ágiles y activas mujeres de setenta y ochenta y tantos años, con sus gorros y sus bañadores de brillantes colores y un destello en los ojos, que aparecen temprano cada mañana para una zambullida rápida sin sauna y que me dicen: «El agua mantiene a raya los dolores musculares», y añaden que las ayuda a «lidiar con el insomnio y el sueño durante la noche». Muchas nadadoras dicen que no se despiertan del todo, especialmente durante los oscuros meses invernales, hasta haberse dado su chapuzón, que, según aseguran algunas, les levanta el ánimo. Las mujeres menopáusicas afirman que el agua las ayuda a calmarse durante los sofocos.

Hay tantas razones como nadadores; algunos simplemente se valen de la terapia de agua fría para reducir el estrés y como mecanismo que los ayuda a acometer los desafíos de la vida moderna: mucho que hacer en muy poco tiempo, lo que parece ser un dilema universal.

Algunas mujeres que hacen malabarismos compatibilizando sus absorbentes profesiones con el cuidado de hijos pequeños y de sus padres ancianos me dicen que esto es su salvación, pues les permite hacer una muy necesaria pausa en todo. Tras el baño, se sienten revitalizadas.

También oigo a muchas mujeres decir que el agua de mar es buena para la piel: si esta es sensible o tiene eccemas, las salobres aguas del Báltico ayudan a disminuir la picazón. Es el equivalente natural a remojarse en un baño de sales de Epsom.

Aunque nadamos casi en el centro de Helsinki, una de las formas más tradicionales de natación invernal, o *avanto*, es sumergirse en un agujero o cuadrado perforado en el hielo de un lago congelado. Finlandia, conocido como el país de los mil lagos, en realidad tiene 187.888.

A pesar de que, según ciertas estimaciones, el número de nadadores invernales activos en Finlandia es de centenares de miles, no todo el mundo va corriendo por ahí a tirarse al agua fría. Algunos vecinos de nuestro barrio que salen a dar un paseo se paran, menean la cabeza y expresan su asombro ante lo que consideran una prueba de coraje (o de insensatez).

Y luego están los turistas provistos de móvil y cámara que aparecen para sacar una o dos fotos de lo que para ellos es una actividad exótica y extrema. Observan asombrados cómo nos bañamos y nos entretenemos dando diversas respuestas a la inevitable pregunta: «¿Está fría el agua?».

«No, en realidad para nosotros esta parte del mar está caliente, sobre todo junto a la ciudad», contestamos entre risitas mientras regresamos a los vestuarios y desaparecemos de su vista.

Raíces históricas

El uso del agua fría para mejorar la salud y el bienestar tiene una larga historia en muchas partes del mundo. Los romanos contaban con un *frigidarium*, un baño frío que utilizaban para refrescarse tras un *tepidarium* templado o un baño *caldarium* caliente.

La natación invernal se practica en Rusia, China, los países bálticos y otros países nórdicos, entre ellos Suecia. Al parecer, también goza de una popularidad creciente en algunas regiones de Norteamérica, aunque aquí se pone más énfasis en nadar distancias largas que en los chapuzones rápidos. En el Reino Unido, nadar en agua fría o en aguas abiertas son actividades cada vez más extendidas, sobre todo entre las mujeres; hay un montón de páginas web y de libros sobre el tema. La terapia deportiva lleva tiempo utilizando los baños de hielo para mitigar el dolor muscular.

Según una guía en finés sobre el tema, en Finlandia, los relatos escritos sobre natación en invierno se remontan a los siglos XVII y XVIII, cuando los visitantes extranjeros relataban en los reportajes de viajes las curiosidades que descubrían. El libro, titulado *Hyinen Hurmio*, que más o menos se traduciría como «Éxtasis glacial» y que se publicó en el año 2000, es obra de Taina Kinnunen, Pasi Heikura y Pirkko Huttunen, bioquímico y profesor de termobiología ya retirado, cuya obra se suele mencionar en los medios de comunicación finlandeses que abordan el asunto del *avanto*.

El uso del agua fría para mejorar la salud y el bienestar tiene una larga historia en muchas partes del mundo.

Según el libro, la natación invernal era una manera de enfriarse tras una sauna caliente; otro método popular para refrescarse tras la sauna durante los meses invernales era (y sigue siendo) rodar por la nieve.

Que yo sepa, el libro es uno de los pocos que describen la historia finlandesa de la natación en hielo y contiene investigaciones sobre los efectos fisiológicos, y de otras clases, de esa práctica.

«Según diversos estudios, nadar en invierno afecta a las personas de numerosas y distintas maneras. Reduce el estrés a mucha gente, pues el frío libera hormonas del estrés. La exposición continua al agua fría aumenta de manera natural la tolerancia al agua fría y al frío en general. En la medida en que el cuerpo se curte frente al frío, también se incrementa su inmunidad. La natación invernal influye en los sistemas corporales inmunitario y antioxidante, lo que puede ayudar al cuerpo a aguantar diversas tensiones externas. Si la práctica natatoria es constante, muy probablemente se reducirá la presión sanguínea. También se han estudiado los efectos de la natación invernal y otras formas de crioterapia en el tratamiento de afecciones como el reumatismo, y los resultados han sido alentadores. En Finlandia se usa la crioterapia como analgésico y para tratar la artritis. Y diversos datos permiten afirmar que es también muy efectiva para mejorar la respiración de las personas que padecen asma.»

Poder frío

He oído muchísimas anécdotas sobre las ventajas de nadar en invierno, pero lo que me interesa es saber si hay investigaciones que las avalen.

Mi esfuerzo por entender mejor por qué la natación invernal obra tales maravillas me conduce hasta uno de los principales expertos del país sobre los efectos del frío, el profesor Hannu Rintamäki, que ha dedicado su carrera de cuarenta años a estudiar, entre otras cosas, los efectos del clima ártico en el cuerpo humano desde una perspectiva laboral y relativa al bienestar.

Al principio hablo con Rintamäki por teléfono para saber más sobre los efectos mensurables que la inmersión en agua fría tiene en el cuerpo humano.

«Un chapuzón de entre treinta segundos y un minuto con el agua a unos cuatro grados centígrados, durante los meses invernales, origina lo que se conoce como "tormenta hormonal", pues muchas de las denominadas "hormonas de la felicidad" se ven apremiadas a actuar», explica Rintamäki.

«Entre las hormonas de la felicidad se incluyen las endorfinas (los analgésicos naturales del cuerpo), la serotonina (de la que en general se cree que mantiene el equilibrio emocional), la dopamina (el neurotransmisor que ayuda a controlar los centros cerebrales de recompensa y de placer y contribuye asimismo a regular el movimiento y la respuesta emocional) y la oxitocina (conocida también como "hormona del amor")», explica.

Todo lo cual supone una explicación concisa de los efectos positivos que yo he experimentado.

«Además, la inmersión fría mejora la circulación de la sangre, se queman calorías y el sistema inmunitario recibe un fuerte estímulo. Teniendo en cuenta que la zambullida promedio dura un minuto, es muy efectiva; se trata de un minuto muy bien gastado por sus múltiples beneficios —dice, y añade—: El ritmo cardiaco se acelera y, tras el subidón de endorfinas, se nota una sensación de sosiego.»

Durante la conversación, sale el tema de que, a finales de la década de los noventa, Rintamäki llevó a cabo ensayos de laboratorio en nadadores invernales con Pirkko Huttunen, profesor y coautor de *Glacial Ecstasy*.

Como me interesa ver el laboratorio y enterarme de más cosas, viajo a la ciudad norteña de Oulu, donde el profesor Rintamäki colabora tanto en el Instituto Finlandés de Salud Laboral como en la Universidad de Oulu.

Encajada justo debajo del Círculo Polar Ártico, Oulu da la impresión de ser una ciudad pequeña y agradable, en la que el ritmo de vida es más lento y relajado que en la capital, situada a seiscientos kilómetros.

Habida cuenta de mi fascinación y mi interés recientes por el poder del frío, la cuarta ciudad finlandesa más grande parece ser un buen sitio. Los expertos de la Universidad de Oulu se centran en los conocimientos fundamentales árticos, relacionados con prosperar en un clima glacial.

Oulu también se ha hecho famosa por su título de Capital Mundial del Ciclismo Invernal. La ciudad alberga, asimismo, el Concurso Anual Oso Polar de Propuestas, evento que atrae a participantes de todo el mundo para que pronuncien un discurso emprendedor mientras permanecen hundidos en agua helada hasta la cintura en un agujero practicado en el hielo del mar Báltico. Los discursos, en que los participantes intentan conseguir respaldo o capital inicial para sus ideas, son entrañables y breves por pura (y fría) necesidad.

Quedo con Rintamäki, un hombre delgado de sesenta y tantos años, sonrisa afable y actitud amistosa, en el vestíbulo de un edificio moderno de poca altura que alberga su oficina y su laboratorio. Más tarde me entero de que monta en bicicleta todo el año, como muchos de sus vecinos de Oulu.

Rintamäki me enseña el laboratorio, que aloja toda clase de maquinaria de medición. Además de un túnel del viento en el que se pone a prueba personas, material y ropa de seguridad de exterior en condiciones climatológicas extremas, me muestra una pequeña piscina de agua fría donde él y sus colegas realizan experimentos en que evalúan los efectos fisiológicos de las zambullidas frías en el cuerpo humano.

Uno de los *feedbacks* clave que recibían de los participantes, explica, era que el entorno del laboratorio resultaba cuestionable.

«No es solo el acto de sumergirse en el agua; nadar en invierno está también muy ligado a la conexión con la naturaleza y los elementos, sobre todo en el caso de los habitantes de la ciudad que acaso no hagan demasiada vida al aire libre. Pensemos en alguien, por ejemplo, que se desplaza en coche a una oficina iluminada con luz artificial y que se pasa casi todo el día frente a un ordenador», señala.

«Meterse en el agua es parte de la experiencia; notas el aire en la piel, ves el agua y el paisaje, estás al aire libre de una manera natural. Recibes *feedback* sensorial, algo que los urbanitas no tienen forzosamente. Nuestro sistema sensorial se desarrolló con la naturaleza muy presente en la cabeza. Vivir en una especie de realidad virtual, sin toma de tierra, no es bueno para los seres humanos», explica.

Para mí, el vínculo del *feedback* sensorial es esencial porque da la impresión de que, durante muchos años, he desatendido, sin darme cuenta, mi conexión con la naturaleza. Y no ha sido por falta de oportunidades (Canadá rebosa de entornos naturales), pero como vivía en ciudades congestionadas no entendía la importancia de incorporar a la vida dosis cotidianas de naturaleza.

Siendo niña, mis padres me llevaron a los bosques del Gran Vancouver, y como adolescente de secundaria asistí a un programa de parques naturales al aire libre. Pero en mi vida urbana adulta, la naturaleza (bosques, lagos o playas) era solo un destino provisional al término de un viaje en coche.

Otra cuestión que Rintamäki subraya, y que también he oído a muchos de mis compañeros nadadores, es que la natación invernal tiene que ver con la autoayuda. Está relacionada con tomar la iniciativa y con esta sensación «formidable» derivada de hacer algo difícil. La gestión del sisu, por así decirlo.

Como aquellos libros y revistas que me abrieron todo un mundo nuevo siendo niña y adolescente, la natación invernal inaugura una manera nueva de pensar: si puedo hacer esto, ¿qué más puedo hacer?

Tanto expertos como legos en la materia han identificado remedios de agua fría para la depresión.

Un trabajo de investigación de 2007 del profesor Nikolái Shevchuk, a la sazón investigador y biólogo molecular en la Facultad de Medicina de la Universidad Virginia Commonwealth, se propuso estudiar la hipótesis de que la depresión acaso tenga su origen en la convergencia de dos factores:

«(A) Un estilo de vida carente de ciertos factores fisiológicos estresantes que han sido experimentados por los primates a lo largo de millones de años de evolución, como breves cambios en la temperatura corporal (p. ej., un baño frío), de modo que esta falta de "ejercicio térmico" puede provocar un funcionamiento cerebral inadecuado. (B) Una estructura genética que predispone a un individuo a verse afectado por la circunstancia anterior más gravemente que otros.»

Aunque también valoro el aspecto genético, me identifico especialmente con el primer punto. Tardé mucho tiempo en darme cuenta de que podía sacar provecho de determinados factores fisiológicos estresantes. En el experimento de Shevchuk se utilizaron duchas frías adaptadas durante un periodo determinado (una magnífica opción para las personas que no pueden o no quieren tomar un baño helado).

Shevchuk lo resume así: «Se sabe que la exposición al frío activa el sistema nervioso simpático e incrementa el nivel sanguíneo de beta-endorfinas y adrenalina, así como la liberación sináptica de noradrenalina en el cerebro. Además, debido a la alta densidad de receptores del frío en la piel, cabe esperar que una ducha fría envíe una enorme cantidad de impulsos eléctricos desde las terminaciones nerviosas periféricas al cerebro, lo que puede provocar un efecto antidepresivo».

Aunque, al final del estudio, Shevchuk llegaba a la conclusión de que hacían falta más investigaciones, es interesante que, según los ensayos, la hidroterapia fría tiene el potencial de aliviar los síntomas depresivos.

Una vez descubierto el uso del agua fría como estresante fisiológico positivo, he experimentado con duchas frías de entre quince y treinta segundos cuando no tengo acceso a una masa natural de agua. Aunque por experiencia propia sé que no es exactamente lo mismo, obtengo algunos beneficios. Cuando salgo de una ducha fría, noto un hormigueo en todo el cuerpo y me siento revitalizada. Desaparece la tiritona y luego viene una sensación de calma, algo especialmente útil cuando estoy estresada y no puedo dormir.

Emilia Lahti, la experta en sisu, me dice que ha utilizado las duchas frías como técnica de fortalecimiento mental.

«Soy una persona a quien no le gusta absolutamente nada el agua fría, pero llevo incorporado un sistema mediante el cual intento plantearme retos. Si algo suena duro, quiero intentarlo», dice Lahti. «El frío activa tu mecanismo de supervivencia..., inspiraciones profundas y ¡fuera! Pero al quinto día ya me había acostumbrado y era capaz de quedarme el tiempo suficiente para lavarme el pelo. Esto nos revela algo sobre la adaptabilidad de nuestros límites y su superación. Por eso diría que, si se trata de lo que subyace al sisu, el concepto clave es "actividad física".»

También hablo del uso del agua fría para tratar la depresión con mi amiga Riikka, la mujer que me llevó por primera vez a nadar en invierno, que resulta ser psicoterapeuta.

Pensando en sus aptitudes profesionales, Riikka Toivanen dice estar interesada en ver más investigaciones sobre la natación invernal y sus posibles beneficios en el tratamiento de quienes sufren depresión.

«El problema, desde luego, es que cuando una persona está deprimida, le cuesta mucho más animarse y hacer cosas. Lo primero que pierde es el sisu. No obstante, la natación invernal es una ruta directa e inmediata para estar presente en el momento; no hay otra opción. Y esta fantástica y potente sensación al salir del agua puede ser una experiencia insuperable: "¡Eh, la vida puede ser así!"» dice.

Llevo tiempo pensando, le explico, que el agua fría es una especie de terapia de choque natural.

Riikka (igual que el profesor Rintamäki) establece paralelismos con esto: «En lugar de una descarga eléctrica, la descarga de agua fría es mucho más sana y tienen menos efectos secundarios negativos», aclara.

Mientras la moda de crioterapia se extiende por el mundo y hay cada vez más personas que pagan fortunas para que las metan en tanques donde las acribillan con nitrógeno líquido a temperaturas inferiores a uno o dos grados centígrados, me sorprende que muchas de las ventajas atribuidas a la crioterapia sean las mismas que derivan de mi pasatiempo polar.

Nadar en invierno para tratar otras enfermedades

En mi búsqueda de gente que se vale de la natación invernal para resolver diversos problemas médicos y relacionados con la salud, quedo con la polifacética Päivi Pälvimäki, que dirige cursos de natación en invierno. Su afición al agua la convierte en la embajadora acuática ideal. Una de las principales razones por las que es instructora de natación invernal es que «quiere compartir la alegría y la felicidad que el *avanto* proporciona a la gente».

Nos vemos en Allas Sea Pool, un complejo de piscinas flotantes al aire libre enclavado en el puerto central de Helsinki, con una vista incomparable de los edificios históricos próximos al frente marítimo, en los que se aprecia una gran variedad de estilos arquitectónicos, desde el neoclasicismo al funcionalismo. El complejo es un magnífico ejemplo de espíritu comunitario. Dotado de piscinas climatizadas y de una piscina marina de agua fría, saunas y un gimnasio exterior, se construyó gracias al micromecenazgo, al menos en parte.

Antigua profesora universitaria de arte, Pälvimäki dice que «la natación tomó el relevo» hace unos seis años y se convirtió en su actividad profesional a tiempo completo.

Se asoció con el nadador de fondo Tuomas Kaario, que recorrió a nado el golfo de Finlandia y fue el primer finlandés en hacer lo propio con el canal de la Mancha y el estrecho de Gibraltar. En 2015, el dúo puso en marcha el primer club de natación en aguas abiertas de Finlandia.

Su afición a los chapuzones polares es también algo personal: los ha utilizado para reponerse de dos operaciones quirúrgicas por sendas hernias discales.

«En los últimos cinco años, me han operado de la espalda dos veces, el disco se rompió por el mismo sitio, aquí», dice señalándose la parte inferior de la columna. «Notaba que el agua fría contribuía de veras a recuperarme; redujo la inflamación en torno al disco y los músculos. Y cuando me sentía algo abatida tras la intervención, me ayudó a volver a la vida cotidiana y aceleró el proceso de recuperación», explica.

Como en amigos y familiares he visto de cerca lo debilitantes que pueden ser las operaciones de hernia discal, pregunto si hay algún riesgo ligado a la natación en agua fría después de la cirugía.

«Era muy cuidadosa con todos los movimientos. Pero he vuelto a nadar otra vez, no solo a darme chapuzones, y no duele. Creo que esto me ha hecho más fuerte», precisa.

Como les ha pasado a muchos finlandeses, Pälvimäki dice que aprendió a nadar de niña en la casita de verano familiar. En realidad, nadar parece una afición nacional y compruebo que las estadísticas lo confirman: según un estudio reciente de la Federación Finlandesa de Socorrismo y Enseñanza de la Natación, el setenta y dos por ciento de los niños de doce años saben nadar.

Le pregunto cuántos nadadores invernales hay en el país.

«La popularidad de la natación en invierno es cada vez mayor; muchos clubes tienen listas de espera para la aceptación de nuevos miembros. Según resultados de la última encuesta de la Asociación Al Aire Libre, en 2010, ciento cincuenta mil personas eran nadadoras activas y quinientas mil lo eran con carácter ocasional», explica.

Como tengo curiosidad por ver cómo enseña, Pälvimäki me hace una demostración en la piscina marina, que en este primaveral día de mayo está a unos refrescantes diez grados centígrados.

«Mi objetivo principal es animar a los participantes y crear un ambiente seguro. Cuando se meten en el agua por primera vez, los novatos me miran a los ojos. Antes les explico cómo han de aspirar y espirar para no hiperventilar debido al impacto del frío. Luego les digo que procuren relajarse y escuchar al cuerpo. Venid siempre que queráis. Al principio es solo una zambullida, no hace falta más, es suficiente.»

También habla de enfermedades concretas, como el síndrome de Raynaud, acaso un obstáculo que obligue a la gente afectada a familiarizarse con los útiles calcetines y guantes de neopreno, pues las manos y los pies son especialmente sensibles al frío.

«Aconsejo llevar un sombrero o un gorro, y beber té caliente, zumos o agua, pues el cambio de temperatura se hace sentir: cuando estás frío, no sabes si estás deshidratado. También recomiendo nadar en lagos o en el mar durante el verano, y luego continuar en el otoño, para que la aclimatación a la naturaleza se produzca de manera gradual», añade.

Cuando concluye la demostración, Pälvimäki, como buena finlandesa, sugiere algo: «¿Te apetece una sauna?».

Ventajas de nadar en invierno

«Un chapuzón de entre treinta segundos y un minuto con el agua a cuatro grados centígrados, durante los meses invernales, origina lo que se conoce como "tormenta hormonal", pues muchas de las denominadas "hormonas de la felicidad" se ven apremiadas a actuar.»

Profesor investigador Hannu Rintamäki

Entre las hormonas de la felicidad se incluyen las endorfinas (los analgésicos naturales del cuerpo), la serotonina (de la que en general se cree que mantiene el equilibrio emocional), la dopamina (el neurotransmisor que ayuda a controlar los centros cerebrales de recompensa y de placer y contribuye asimismo a regular el movimiento y la respuesta emocional) y la oxitocina (conocida también como «hormona del amor»).

- *La natación invernal alivia el estrés.*
- *Por norma general, la exposición continuada al agua fría aumenta la tolerancia al frío.*
- *Aumenta la inmunidad.*
- *Reduce el dolor.*
- *Es un estimulante natural para el que se siente cansado.*

En casa puedes recrear algunas de las condiciones de la natación invernal

- *Una ducha fría produce algunos beneficios revitalizantes similares a los del chapuzón en agua gélida.*

- *Empieza con unos segundos de frío y amplía cada día el periodo.*

- *Una ducha fría de entre treinta segundos y un minuto ya puede ser tonificante.*

- *La clave es la moderación: si intentas cinco minutos de entrada, seguramente retrasarás todo el proceso.*

- *Toma luego una ducha caliente.*

CAPÍTULO 4

Alma de la sauna: sudar para mejorar la salud

Según un popular dicho finlandés, tras una sauna una mujer está más guapa. Aunque el saludable brillo de las mejillas resultante de una buena sesión de sauna forma parte, sin duda, de este atractivo húmedo y erótico, he empezado a interpretar la expresión de una forma más holística: la sensación interna de calma y felicidad que sigue a un baño de vapor desintoxicante y relajante.

Una vez concluida la entrevista, Päivi Pälvimäki (la experta en natación invernal) y yo estamos sentadas en la sauna femenina del Allas Sea Poll.

A través de la ventana nos deleitamos con una vista del principal puerto de Helsinki, donde atracan los grandes cruceros que navegan entre Estocolmo, Tallin y la capital finlandesa. Los ferris más pequeños que se dirigen a la cercana fortaleza de Suomenlinna pasan casi delante de nosotras.

Mientras charlamos, echo agua del cubo para crear *löyly*, el vapor caliente que asciende cuando el agua entra en contacto con las piedras del hornillo. Me maravilla el hecho de que Päivi y yo estemos sentadas aquí tras la entrevista (hablando de nadar en aguas abiertas, de la naturaleza y de saunas), desnudas, conforme a la etiqueta del lugar.

Hoy es la primera vez que nos vemos. Y aunque ninguna de las dos llevamos nada encima, no me siento incómoda en lo más mínimo.

Tiempo atrás me contrariaba la idea de la sauna y buscaba excusas para evitarla. En diversos viajes y estancias en Finlandia, sobre todo siendo adolescente, eso de sentarme desnuda en una habitación llena de vapor con mujeres de la familia y amigas me producía verdadera ansiedad. Quitarme la ropa ante otras personas me parecía simplemente inconcebible; si mi propio cuerpo ya me parecía un fastidio, la idea de la desnudez pública era directamente un disparate.

Poco a poco, al cabo de los años, he encontrado en Finlandia una zona en la que, en cueros, me siento totalmente cómoda. La sauna es una parte tan primordial de la vida y los encuentros sociales que no tomar una viene a ser como negarse a comer con la gente en una cena.

Los primeros años, recuerdo que iba con mi novio, el hombre que más adelante sería mi marido, a pasar los fines de semana de mediados de verano a una casita de Punkaharju, una cresta esker llena de pinos y rodeada de grandes lagos en la inmaculada naturaleza del este del país.

Junto con la tradicional hoguera nocturna y con las grandes cantidades de alcohol para festejar el día cuando el sol aún no se ha puesto, una de las tradiciones de este grupo de amigos veinteañeros era disfrutar de una típica sauna de vapor... desnudos.

En la actualidad, la norma es que haya saunas separadas para hombres y mujeres, o, si la compañía es mixta, llevar traje de baño. En aquel entonces, mi primer instinto era esconderme tras una toalla o un bañador. Pero como todo el mundo iba sin prenda alguna, una toalla o un biquini aún habrían atraído más la atención.

Como pasa con muchos aspectos de la vida en los países nórdicos, aquí el epicentro es el grupo, no el individuo. Nosotros, en vez de yo. La intención era tomar juntos una sauna tradicional. A nadie le importaba el aspecto de otro sin ropa, si creía que mis pechos eran demasiado pequeños, o, ya puestos, cualquier idea relativa a la imagen corporal que pudiera yo tener. Llegado el momento, fue algo tremendamente liberador y una manera efectiva de pulir mi sisu reuniendo el coraje necesario para hacer algo que daba la impresión de ser embarazoso y ajeno a mí. Para sentirte cómoda estando desnuda hace falta una especie de sisu «en la sauna» para los no iniciados.

Una tradición antigua

La palabra «sauna» es la más conocida de las escasas palabras finesas que aparecen en el diccionario de la lengua inglesa.

Según la Sociedad Finlandesa de la Sauna, esta

tradición se ha mantenido de forma ininterrumpida durante dos mil años.

Entre los baños de vapor que nos encontramos en el mundo hay variantes, desde la *banja* rusa al *furo* japonés, pasando por las cabañas de sudor de las primeras naciones de Norteamérica.

En cuanto a la sauna finlandesa, según algunas fuentes, la original de vapor (sin chimenea, calentada durante varias horas antes de dejar salir el humo para que los asistentes entren y disfruten de la experiencia) tiene unos diez mil años de antigüedad.

En el pasado, la sauna tenía tanta importancia que solía construirse antes que la casa familiar. Considerada en otros tiempos el sitio más aséptico para dar a luz, también era el lugar donde se adecentaba a los muertos para su último viaje.

Las saunas tradicionales que funcionan con leña suelen estar en casitas o lugares dedicados a conseguir un buen vapor, como pasa con la exclusiva Sociedad Finlandesa de la Sauna en la isla de Lauttasaari, en Helsinki. Las saunas eléctricas son más corrientes en casas y edificios de apartamentos, así como en piscinas y gimnasios.

En otras épocas, la sauna tenía tanta importancia que solía construirse antes que la casa familiar.

Para muchos aficionados, una parte fundamental del ritual del baño de vapor incluye el batidor de sauna (*vihta*), confeccionado con hojas de abedul empapadas que se utilizan para «batirse» suavemente uno mismo o batir a otro. Aunque parezca raro, no lo es. Pensemos en la versión finlandesa del golpeteo o del vapuleo que se realiza en determinados tipos de masaje relajante. No solo sienta bien, sino que además llena el aire con un aroma natural a abedul que, por lo visto, alivia la tensión muscular y mejora la circulación.

Por encima de todo, la sauna es un lugar para limpiar la mente y el cuerpo.

Aunque algunas de las viejas normas de etiqueta en la sauna son bastante estrictas (hay que comportarse como en la iglesia, no está permitido levantar la voz, decir palabrotas ni hablar de política), en la sauna moderna, por mi experiencia, la gente habla de toda clase de asuntos.

En un país de 5,5 millones de personas, se estima que hay unos 3,3 millones de saunas, lo que hace de Finlandia un país de expertos en el tema.

Más tarde envío un mensaje a Päivi Pälvimäki para preguntarle qué significa para ella el baño finlandés de vapor.

«Es algo muy típico, un espacio casi sagrado: lo vinculo a las generaciones anteriores, a la época en que las mujeres parían en la sauna o cuando se preparaba allí a los difuntos antes de llevarlos a la tumba», explica.

También es un lugar para el aislamiento, dice. «Me gusta ir a la sauna sola. Es una especie de retiro, donde no tengo por qué hablar con nadie, me tumbo, establezco mi propio ritmo con el *löyly* y escucho mi cuerpo.»

En un país de 5,5 millones de personas, se estima que hay unos 3,3 millones de saunas.

Beneficios para la salud

Pälvimäki cuenta algo que ya me ha dicho muchísima gente: «Sobre todo en invierno, la sauna es como el sol: enciende tu luz interior y te calienta en los fríos y oscuros días invernales».

Con independencia del tiempo meteorológico, cuando sales de una sesión de vapor en la sauna, que, por lo general, está a una temperatura que oscila entre los setenta y los cien grados centígrados, por dentro te sientes calentita y feliz.

Päivi dice utilizar la sauna también por razones de salud.

«Tengo los músculos de la espalda muy sensibles al estrés. La sauna relaja tanto los músculos como los pensamientos. Reduce el estrés para bajar la presión sanguínea, lo cual me conviene de veras, pues en mi familia hay un historial de presión arterial elevada. No me ha hecho falta tomar medicación y creo que se debe a esto», explica refiriéndose a la sauna.

Según la venerada Sociedad Finlandesa de la Sauna, entre las ventajas del baño de vapor se incluyen las siguientes:

- Alivia y relaja los músculos cansados.
- Disminuye la tensión y la fatiga física y mental.
- Mejora la circulación.
- Reduce la presión arterial.
- Ayuda a dormir mejor y de forma más sosegada.
- Aumenta la resistencia a la enfermedad.
- Mantiene la piel clara y sana, y elimina toxinas e impurezas.

La sociedad alude a estudios finlandeses y alemanes, según los cuales las sesiones regulares de sauna reducen en un treinta por ciento las probabilidades de pillar un resfriado o una gripe.

En un estudio de 2017 hecho entre hombres finlandeses de mediana edad y llevado a cabo por el Instituto de Salud Pública y Nutrición Clínica de la Universidad del Este de Finlandia y la Facultad de Ciencias Clínicas de la Universidad de Bristol, Reino Unido, se observó que las saunas frecuentes estaban asociadas a un menor riesgo de demencia y de padecer alzhéimer.

En numerosos proverbios populares finlandeses se elogian las cualidades salutíferas de un buen baño de vapor, por ejemplo: «Si la sauna, el licor o el alquitrán no surten efecto, la enfermedad seguramente es fatal». El alquitrán de madera (*terva*) extraído del abedul (el árbol finlandés por excelencia) se usa para tratar toda clase de problemas, desde digestivos hasta cutáneos.

Según se dice, el escritor finlandés F. E. Sillanpää, que en 1939 recibió el Premio Nobel y que escribió la famosa novela *Silja: un breve destino de mujer*, se servía de la sauna para atenuar la depresión y la fatiga derivadas de las largas sesiones de escritura.

Espíritu de la sauna

Otro aspecto destacadísimo de la sauna es su condición de gran igualador. Como todo el mundo va desnudo, es, por así decirlo, un terreno de juego despojado de todo. En las saunas públicas y privadas diseminadas por el territorio, las personas charlan unas con otras sin conocer necesariamente sus nombres, las profesiones o cualquier dato personal. Es irrelevante si quien está a tu lado tiene un Lada o un BMW, luce un Rolex o un Timex. En los bancos de madera se sientan juntas todas las clases sociales.

Y en una época en que hay tanta gente pegada al móvil, la sauna es una zona de desintoxicación digital. No se permite entrar con el teléfono: en el vapor caliente, desentona.

Mi hijo, como muchos otros niños en Finlandia, mientras crece está adquiriendo el hábito de acudir a piscinas y saunas públicas. Como antes de tomar una sauna es obligatorio ducharse, los niños ven ya antes a personas desnudas de cualquier edad. Un niño pequeño irá a las duchas y la sauna con su mamá y verá a niñas y mujeres desnudas. Por definición, desde temprana edad, los pequeños saben que los niños y las niñas tienen partes del cuerpo diferentes, y que no hay para tanto.

Estoy segura de que esto enseña a los niños a sentirse más a gusto con su cuerpo, pues no les han acostumbrado a taparlo ni a avergonzarse de él.

También significa que todo el mundo crece viendo muchas clases distintas de cuerpos y aprende que la norma es esta, no las imágenes elegantísimas y retocadas que vemos en las revistas o en los medios y las redes sociales.

Muchas personas relacionan la sauna ideal con una casita de campo a la orilla de un lago. Hasta la fecha, es una tradición que los finlandeses pasen varias semanas al año descansando en el campo durante las vacaciones estivales. No obstante, también existe una efervescente cultura de la sauna pública en ciudades de todo el país.

El Día de la Sauna de Helsinki celebra el baño finlandés de vapor por antonomasia. Instituido por Jaakko Blomberg, director de escena y activista urbano, que ha llegado a ser la encarnación del espíritu comunitario colaborativo de la ciudad, el Día de la Sauna enseguida tuvo un gran éxito: cuando se realizó por primera vez, en marzo de 2016, abrieron sus puertas más de cincuenta saunas públicas y privadas.

Quedo con Blomberg, un hombre joven y alto de treinta y pocos años y largo pelo rubio recogido en una cola de caballo, en el barrio hípster de Kallio.

Frente a un plato vegetariano, Blomberg me explica que hubo varias razones para poner en marcha el Día de la Sauna.

«Tenemos un verano muy ajetreado y comunitario que es relativamente corto. ¿Y luego, qué? Es por eso por lo que el evento tiene lugar en marzo y octubre, los periodos más fríos del año, en que las personas no se relacionan con tanta facilidad.»

Otra razón es el aspecto comunitario.

«La sauna rompe las normas sociales, y todo el mundo charla con todo el mundo», dice, y añade que algunos participantes visitaron y pasaron un rato hasta en dieciocho saunas en un día.

«En la sauna, un finlandés es totalmente distinto», señala Blomberg. «Hace poco, un español me dijo que si quieres aprovechar alguna de las escasas oportunidades que tienes de hablar con un finlandés... ¡has de quitarte la ropa y sentarte a su lado!»

Sin duda hay diversos estereotipos culturales sobre los finlandeses, de quienes sabemos que son reservados, tranquilos y tal vez no precisamente las personas más sonrientes y dadas a la cháchara. Esto evidencia una reserva o introversión comedida que he advertido en otras partes del norte de Europa.

Pregunto a Blomberg qué significa la sauna para él.

«Es un espacio social de encuentro y un lugar para relajarte. También una tradición: cuando era pequeño, cada sábado teníamos sauna familiar», explica.

«En la sauna también se habla de cuestiones importantes. Me encontré con un amigo, y durante la conversación quedó claro que había pasado cierto tiempo desde que me había separado de mi novia anterior. Cuando salió el tema, mi amigo dijo: «¿Y por qué no me lo dijiste?». Lo pensé durante unos instantes y contesté: «No he tenido ocasión; ¡no hemos ido juntos a la sauna!».

Además de acontecimientos nuevos como el Día de la Sauna, en Helsinki hay una floreciente escena de la sauna pública, con una larga historia que incluye saunas de la vieja escuela, como Arla y Kotiharjun Sauna, en funcionamiento desde la década de 1920. Parte de la experiencia consiste en sentarse al aire libre después del baño de vapor y de charlar con otros asistentes mientras disfrutas de una o dos cervezas.

En los últimos años, han entrado también en liza varias saunas públicas nuevas, entre ellas Allas Sea Pool y Löyly, una obra maestra de madera situada en un aislado tramo del litoral sur de la ciudad. La estructura en forma de roca, con sus nítidas líneas visibles desde lejos, ha recibido premios de arquitectura. Con una típica sauna de humo y dos de leña, Löyly tiene escalones y una escalera que va a parar al mar para darte un refrescante chapuzón durante todo el año, por lo que es la mejor opción de los principiantes para poner a prueba su sisu en las heladas aguas del Báltico.

Una de las saunas públicas más animadas y asequibles (es gratis) de la ciudad es Sompasauna: una sauna improvisada cuyo mantenimiento corre a cargo de todos los que llevan leña y agua. El ambiente se parece un poco al de una fiesta casera, pues Sompasauna está situada en una zona costera de Helsinki, por lo demás abandonada. Para mí, es el ejemplo perfecto de sisu HUM y espíritu comunitario nórdico: no hay director ni encargado; su funcionamiento se basa solo en la confianza y en la idea de que todo el mundo respetará y preservará el lugar.

Durante mi práctica natatoria invernal paso más tiempo en la sauna, sobre todo por la tarde, y llego a considerarla una versión actual del viejo fuego de campamento, pues estamos sentadas en bancos de madera en torno a un hornillo caliente y nos contamos historias o hablamos de los sucesos del día.

Mientras charlamos sobre el mundo, el trabajo o nuestros respectivos maridos, nos despachamos a gusto y relajamos la mente.

El aspecto social de la sauna me intriga; hasta hace poco me había centrado solo en sus beneficios para la salud.

A estas alturas, tras haber vivido más de una década en Finlandia, prácticamente ya me he vuelto, por así decirlo, autóctona. Mi finés hablado es tan correcto que la gente me toma por una finlandesa (de hecho, tengo pasaporte finlandés) con algo de acento que habla con desconocidos más de lo que suele hacerlo la gente de aquí, si bien esto se debe a que crecí en Canadá.

Pienso en inglés, no en finés, y casi toda mi obra es en inglés. No obstante, me pasé años leyendo periódicos y otros textos en finés en un intento por repasar y ponerme al día con el idioma, tanto hablado como escrito, lo que resultó fundamental cuando fui al país por primera vez.

Pero la realidad es que soy una forastera; no siempre capto las referencias culturales e históricas. Y, como tal, siento afinidad por otros extranjeros, de quienes me interesa su opinión sobre las aficiones finlandesas.

Al principio quedo con Douglas, mi compañero de natación invernal, el experto en clásicos griegos y profesor visitante, para charlar más acerca de lo de nadar en invierno, algo a lo que él se refiere ingeniosamente como «una entrada chula [*cool*, también «fresca»] en la sociedad finlandesa».

Sin embargo, una mañana, mientras tomamos café en el barrio, reparo en que lo que dice sobre la sauna contiene percepciones que yo no había tenido en cuenta.

«Es difícil introducirse socialmente en Finlandia», afirma, lo cual es cierto. Aunque una aplastante mayoría de la gente habla bien el inglés, si no hablas finés, no te vas a enterar igual de lo que pasa.

«La sauna ha sido una fantástica herramienta social —dice Douglas—. Cuando la gente se quita la ropa, cambia todo. Como soy miembro del club de natación invernal, estoy participando y formo parte de la cultura local. ¿Qué puede hacer alguien nuevo en Finlandia para conocer gente? Diría que gracias a este pasatiempo he hecho entre quince y veinte amigos. Cuando estoy en la sauna, aprecio una sección transversal muy interesante de la sociedad.»

Entiendo que si solo estás de visita, hay poca necesidad de aprender finés, que también tiene fama de ser un idioma difícil. Pertenece al grupo de las lenguas ugrofinesas y está muy estrechamente relacionado con el húngaro y el estonio. Tiene numerosos casos gramaticales, carece de artículos como «un/una» y «el/la», y de géneros (no existe «él» o «ella», en vez de lo cual *hän* se refiere tanto a hombres como a mujeres, otro guiño a la igualdad). Es también totalmente fonético: suena tal como se ve.

Sin embargo, conozco a canadienses, estadounidenses, italianos, británicos, rusos, trinitenses e indios que viven en Finlandia y han aprendido el finés, lo cual demuestra que no es algo inaccesible.

Mientras hablamos, me entero de que Douglas también va a nadar en invierno recién levantado.

«Mi perspectiva es heterodoxa», dice. «Aprendes la historia de los grandes beneficios para la salud, de cuánto tiempo hay que estar en el agua (parece haber consenso sobre los treinta segundos), y luego está la historia que los finlandeses se han contado a sí mismos, un relato elaborado para justificar la afición. ¿Es esto cierto? Si hace que te sientas bien, da igual. Ha mejorado mi bienestar; de lo contrario, estaría aislado. Soy parte de algo que es muy importante en la sociedad finlandesa. Es un vínculo social, hablar, hacer cosas difíciles. Y cuando estoy en el agua, estoy presente. Te olvidas de todo, lo que hoy en día es algo poco común», precisa.

Douglas señala otro aspecto positivo:

«Nadie te juzga por la cantidad de tiempo que estás en el agua; solo participar ya está bien, y además están los que se bañan y los que nadan. Y es muy minimalista..., te metes en el agua con el bañador..., y eso es todo», dice.

Directrices para la sauna

- *Dúchate antes y después de tomar una sauna.*
- *No hay reglas sobre cuánto rato puede estar uno sentado en la sauna; depende exclusivamente de cada cual.*
- *Tan solo unos minutos en el vapor caliente provocarán la magia.*
- *El principal objetivo es relajar tanto el cuerpo como la mente.*
- *Recuerda que has de beber agua para estar hidratado.*
- *En cuanto al löyly, antes de echar agua a las piedras calientes del hornillo, por cortesía pregunta a los otros presentes si están de acuerdo.*
- *Para quienes combinan la sauna y el chapuzón frío en el lago o el mar hay dos escuelas de pensamiento. Según la primera, el orden es ir al agua y luego calentarse en la sauna, pues se considera que, si estás calentito y cómodo, te costará salir y meterte en el agua fría. Según la segunda, está muy bien calentarse primero en la sauna antes de pasar luego al agua. Tú decides.*
- *Si donde vives no hay saunas, una habitación de vapor puede procurar los mismos beneficios, aunque acaso contenga más humedad que el calor más seco de una sauna.*
- *Si te da apuro estar desnudo en la sauna, puedes taparte con una toalla. También puedes practicar algo de sisu y autoaceptación: atrévete a estar cómodo con tu cuerpo y desnúdate.*

CAPÍTULO 5

Terapia de la naturaleza: ventajas de un paseo por el bosque

En la parte más septentrional de Finlandia, hay una zona natural prácticamente intacta, salvo por la presencia de algunas estaciones de esquí: Laponia es un territorio que se extiende por encima del Círculo Polar Ártico, a lo largo del norte de Finlandia, Suecia, Noruega y la península rusa de Kola.

La Laponia finlandesa, a menudo considerada el último de los grandes espacios naturales europeos, abarca una tercera parte de la superficie continental de Finlandia, lo que equivale aproximadamente a cien mil kilómetros cuadrados de naturaleza salvaje subártica. Con el aire más puro y limpio del planeta junto a impresionantes enclaves, Laponia es la región donde habitan los saamis, que apenas son unos diez mil. En total, menos del cuatro por ciento de la población finlandesa de cinco millones y medio de personas vive en esta zona tan escasamente poblada.

Para muchos, Laponia evoca imágenes de Santa Claus (Finlandia reivindica ser la cuna «oficial» de

Papá Noel), con nieve de un blanco puro, paseos en esquís o en trineo con huskies, acogedoras cabañas de madera, fuegos crepitantes y renos sueltos allá donde mires.

Mi primer viaje al extremo norte de Finlandia da la impresión de estar preparado de antemano, pues consigue concentrar prácticamente todos los elementos de la experiencia invernal de país de las maravillas que mucha gente de todo el mundo viene a ver.

Estamos en noviembre, a mediados de la década de 2000, y formo parte de un grupo de prensa llegado en avión desde Helsinki, a una hora de vuelo, para dar inicio a la temporada de esquí en una conocida estación, Ruka. Los puristas de la geografía quizá señalen que Ruka está en Kuusamo, justo debajo del Círculo Polar; aunque oficialmente no pertenece a Laponia, la mayoría de la gente entiende que sí.

La fiesta de inauguración incluye toda clase de actividades: excursiones en esquís, paseos con huskies, avistamiento de renos, gastronomía local e interminables rondas de copas. De hecho, el fin de semana prácticamente establece la pauta de los muchos inicios de temporada de esquí, desde Levi a Saariselkä pasando por Pyhä-Luosto, a los que asisto durante mis primeros años, en los que trabajo para una importante revista.

Durante esa primera época en Finlandia, solía ir

mal preparada para pasar periodos largos de tiempo haciendo cosas al aire libre: la típica urbanita que no considera nada apropiado permanecer más de diez minutos fuera de la casa, pese a haber afrontado duros y nevados inviernos en Toronto. Por suerte, puedo tomar prestados una chaqueta y unos pantalones de esquí de una amiga.

Sin embargo, lo que ha dejado en mí una impresión duradera no es el libre acceso a las pistas de la estación, las interminables rondas de bebidas o los famosos locales que he conocido.

En mi caso, las marcas que permanecerán imborrables proceden de las experiencias genuinas que he tenido aquí, que me devuelven a un camino hacia el mundo natural.

El primer día, se nos inicia en el tranquilo y relajado sistema de vida ártico, lo que incluye un paseo por el bosque a la luz de la luna. La nieve brilla en las ramas de los grandes pinos y píceas mientras nos abrimos paso hasta una impecable casa de madera rojiza que alberga un restaurante.

Entramos arrastrando los pies, nos sacudimos la nieve de las botas y nos quitamos los gruesos abrigos. Veo el rústico comedor iluminado con velas, donde nos sentamos en largos bancos de madera y nos sirven diversos platos de la cocina lapona: comida sustanciosa y sin pretensiones que procura el sustento ideal después de haber estado tanto rato a la intemperie.

Tras una cremosa sopa de salmón, acompañada

de pan de centeno y *rieska*, el pan plano de patata de la región, y un postre de *leipäjuusto* (queso de leche de vaca) servido con una porción de mermelada de moras, salimos a la clara y estrellada noche. Regresamos formando fila, en satisfecho silencio (el único sonido es el de la nieve que cruje bajo los pies), por el camino que conduce al claro junto a la carretera donde está aparcado nuestro autobús.

Justo cuando llegamos, se oye un débil chisporroteo, distinto de cualquier ruido que yo haya oído antes. Entonces, en el horizonte y de un lado a otro del cielo, aparecen sombras anaranjadas, rojas, amarillas, verdes y azules, a modo de misteriosas figuras danzantes, balanceándose a un lado y a otro.

Me quedo ahí, hipnotizada y totalmente absorta en el momento. Parece increíble que la naturaleza sea capaz de crear un espectáculo tan extraordinario. Aunque dura solo unos minutos, es más imponente que nada que haya podido ver en una película o en la televisión.

Se trata de la aurora boreal, desde luego, el espectáculo de luz natural incluido en la lista de cosas que contemplar de cualquier viajero serio.

Caigo en la cuenta de que soy muy afortunada. Pues aunque hay muchas posibilidades de ver la aurora boreal en muchos países septentrionales del mundo, sobre todo en las noches invernales frías y despejadas, el fenómeno depende de la naturaleza y de que se dé el conjunto apropiado de condiciones magnéticas.

Según una historia habitual de la mitología finlandesa, la aurora boreal (*revontulet*, o «fuegos zorrunos», en finés), surge cuando un zorro ártico pasa corriendo por las montañas y las roza con la piel, lo que produce chispas que vuelan por el cielo.

Tras ver la aurora boreal, se enciende dentro de mí una mayor toma de conciencia, un reconocimiento y una gratitud hacia el mundo natural.

No obstante, solo llego a comprender y valorar lo extraña que es la naturaleza inmaculada de Laponia tras diversos viajes, a lo largo de los años, a metrópolis grandes como Pekín, Shanghái o Bangkok. Después de pasar cierto tiempo realizando trabajos en estas bulliciosas megaciudades, abro los ojos (y la nariz y la garganta) y reparo en lo escasos que son el aire limpio, la naturaleza en estado puro y el silencio en un mundo ruidoso y superpoblado.

Según la OMS, en 2016 el aire de Finlandia era el tercero en calidad del mundo. Ese mismo año, el Instituto Meteorológico Finlandés registró el aire más puro de la Tierra en el Parque Nacional Pallas-Yllästunturi, en Laponia.

Sisu en la naturaleza

Muchos años después, a principios de agosto, la revista me envía a un campamento de verano al aire libre en el Centro Kiilopää, dirigido por la Asociación Finlandesa del Aire Libre.

Ubicado en la naturaleza de Laponia, el Centro Fell se halla a unos ciento veinte kilómetros de Sodankylä, que ha atraído a famosos directores al extremo norte, a su conocido Festival de Cine del Sol de Medianoche, en el que no hay formalidades VIP. Todos se sientan juntos, directores y asistentes por igual, mientras se proyectan películas día y noche, pues durante los meses de verano el sol no se pone.

También brilla el sol en el campamento, en el que ejerce de anfitrión el director del centro, Seppo Uski, un hombre alegre que ha hecho carrera en el sector de la hostelería de Laponia. Empieza cada mañana entrando tan campante en la cafetería del desayuno con un «¡Buenos días, qué gran día nos espera!», que acaso sea el saludo finlandés más característico.

La segunda tarde, salgo con los otros participantes (somos unos cincuenta, desde niños pequeños a octogenarios) a escalar el pico Kiilopää. No es una caminata extenuante, pues el recorrido de dos kilómetros discurre por una senda en buenas condiciones que incluye pasos de tablones en diversos puntos.

Cuando llegamos a la soleada cumbre de 546 metros, justo después de las nueve de la noche, exploro con los demés el afloramiento rocoso y abarco las ilimitadas vistas que se extienden en todas direcciones.

Mientras permanezco en el pico (aviso: tópico), me parece estar literalmente en la cima del mundo, suspendida en el instante sin la menor preocupación.

Había leído sobre esta clase de experiencia natural acentuada, pero no la había entendido del todo hasta ahora. Mis pensamientos no son muy originales, pero vienen a ser algo así: «Ahí está. Esto es todo. Lo demás no importa. ¡Ahora mismo no necesito nada más!».

Me parece estar literalmente en la cima del mundo, suspendida en el instante sin la menor preocupación.

Considero que este tipo de experiencia auténtica es «sisu en la naturaleza»: estoy nutriéndome física y mentalmente, y encontrando una sensación de paz que me ayuda a mantener mi bienestar global y a fortalecer mi sisu. Y aunque la ascensión a la cumbre no era exigente, hice igualmente el esfuerzo de participar en ella en vez de haraganear por ahí y ver la tele en la cabaña. Somos un grupo de seres humanos que hemos subido juntos una colina para encontrarnos con una vista natural impresionante. Da igual lo que uno hace para ganarse la vida, el tamaño de su casa o de su apartamento o cuál es su patrimonio neto.

Es nuestro anfitrión, Seppo Uski, quien dice: «Cuando alcanzas la cima de la colina Kiilopää y solo oyes silencio, sabes que has llegado».

En el campamento, Uski suele decir cosas simples pero profundas. Empiezo a anotar estos «uskismos» en la libreta que llevo siempre conmigo.

Pues lo que dice es verdad. Aunque vamos totalmente vestidos, con pantalones y mangas largas como prevención contra los mosquitos, esta experiencia me recuerda el momento de estar sentada en una sauna, donde parece que ha sido eliminado todo lo superfluo, que estás despojada de cualquier cosa, y que de lo exterior no importa nada. Esto es un elemento fundamental del esplendor del campamento.

También advierto que, aquí arriba en la cumbre, el silencio me hace sentir una gran paz interior. Me impulsa a pensar en cómo buscar activamente más parcelas de calma natural en mi vida cotidiana.

Regresamos al Centro Fell a tiempo para tomar una sauna vespertina. Encaramado casi en lo alto de un burbujeante riachuelo y escondido detrás de una hilera de cabañas de madera está el llamado desenfadadamente «Spa Frío». Dos casitas de madera, una con los vestuarios y otra con una auténtica sauna finlandesa de humo, tienen vistas a un arroyo que incluso durante los meses de verano puede que esté a unos estimulantes once grados centígrados, más o menos.

Unos cuantos chapuzones en agua fría bajo una menguante luz crepuscular y luego un rato de contemplación tranquila en el relajante vapor de la sauna no tienen nada que envidiar a ningún lujoso spa de cinco estrellas en el que haya podido estar.

Recuerdo las palabras de bienvenida de Uski en el Spa Frío: «Entras en el agua y sales siendo mejor persona», dijo, haciéndose eco de lo que tantas personas me habían dicho sobre esta costumbre transformadora.

Mi tranquilidad inducida por la naturaleza continúa a la mañana siguiente, cuando salimos a hacer una caminata por los senderos que serpentean por los bosques de fragantes abedules y pinos, más allá de las zonas sin maleza cubiertas de suave musgo.

Dada la atinada descripción de Uski de la sensación que tiene uno al llegar al pico y darse un chapuzón frío, más tarde le pregunto por qué cree que el bosque es tan reconstituyente. Y contesta: «Cuando estás en el bosque y alzas la vista a los árboles, tus problemas parecen pequeños».

Me atrae mucho otra excursión, un paseo de temática *mumin* por el bosque. Pensado para los participantes más jóvenes del fin de semana, incluye elementos de los cuentos de hadas de Tove Jansson.

Aquí en Kiilopää, los niños de edades comprendidas entre los cuatro y los seis años se adentran en el bosque para aprender sobre flora y fauna. Y se quedan observando en silencio a un reno que se para a alimentarse de líquenes y hojas.

Nuestra guía, Sanna Jahkola, una joven de Helsinki que estudia para maestra, retiene la atención de los niños con historias y actividades.

Acompañados por sus padres, durante el paseo de tres horas, los niños sobre todo escuchan. Miro asombrada cómo Mimosa, la más pequeña, que a la sazón contaba catorce meses, se deja caer junto a un arbusto de camarinas y empieza a comerse las bayas. Su madre es Jahkola, quien luego me explica que su entusiasmo por la vida al aire libre empezó siendo ella muy pequeña, en los veranos pasados en la casa de campo familiar, y a raíz de su implicación activa en el movimiento *scout*.

Según Jahkola, madre de tres hijos, la naturaleza es un buen entorno para aprender no solo sobre el mundo natural, sino también para perfeccionar destrezas de seguridad al aire libre.

«También enseña habilidades sociales, por ejemplo, tener consideración con los demás. Si estás caminando por el bosque y hay una rama atravesada en el camino, aprendes a apartarla para que el siguiente no se haga daño con ella», dice.

Terapia forestal

Green Care [Cuidado Verde] (terapia forestal o terapia natural) hace referencia al poder de la naturaleza para proporcionar un antídoto que mitigue las tensiones de la vida moderna, mejore el bienestar general y ofrezca una muy conveniente desintoxicación digital. El tema ha sido ampliamente estudiado en todo el mundo, desde Japón a los Estados Unidos así como en Canadá, Reino Unido y Finlandia.

Mi interés en la cuestión aumenta cuando noto que me encuentro mucho mejor si decido pedalear por el sendero de un parque forestal en vez de ir por una carretera con un tráfico denso.

Como ya he señalado, muchas generaciones de finlandeses mantienen una relación muy estrecha con el mundo natural.

Esta observación se ve respaldada por datos estadísticos: según el Instituto Finlandés de Recursos Naturales (Luke), el noventa y seis por ciento de los finlandeses participan en actividades recreativas al aire libre un promedio de dos o tres veces a la semana. Entre ellas se incluye andar, nadar en aguas naturales, pasar tiempo en una casa de veraneo, coger bayas y setas, montar en bicicleta, estudiar la naturaleza, navegar, practicar esquí de fondo, tomar el sol en la playa, ir de pícnic o recoger madera para uso doméstico.

Para aprender más sobre *Green Care*, me pongo en contacto con Liisa Tyrväinen, profesora investigadora de Luke, que ha dedicado su carrera a estudiar las conexiones entre el bienestar, la naturaleza y el esparcimiento al aire libre.

Green Care (terapia forestal o terapia natural) hace referencia al poder de la naturaleza para proporcionar un antídoto que mitigue las tensiones de la vida moderna.

Tyrväinen suele citarse cuando surge el tema. Asimismo, es una de las personas entrevistadas en el libro *The Nature Fix: Why Nature Makes Us Happier, Healthier and More Creative*, de la periodista y escritora norteamericana Florence Williams, que profundiza en la ciencia subyacente a los efectos positivos de la naturaleza en el cerebro.

Según Tyrväinen, un paseo de apenas quince minutos contribuye a reducir el estrés y la presión sanguínea y a relajar los músculos tensos. Me atrae su mensaje de moderación: para cosechar los beneficios de la Madre Naturaleza, no hace falta contratar un guía de terapia forestal, ir a correr a la montaña ni hacer caminatas de un día entero.

Quedo con Tyrväinen, una mujer de cincuenta y pocos años, llena de energía, un día de primavera, en la reserva natural Viikki, en las afueras de Helsinki. Aquí también hay centros universitarios de investigación en agricultura y silvicultura, así como una reserva ornitológica, junto a bosques, campos (con vacas pastando y todo) y humedales.

Siguiendo el principio inspirador de la terapia forestal, tenemos nuestra conversación mientras caminamos por las sendas del bosque público de la reserva.

Planteo a Tyrväinen la siguiente pregunta: ¿por qué pasar tiempo en un bosque mejora el bienestar y refuerza el sisu?

«Ahora podemos decir con seguridad que la naturaleza ayuda a prevenir ciertas enfermedades, evita el agotamiento y combate los síntomas de depresión leve o abatimiento», contesta. «La gente se relaja en el bosque, con lo que este se convierte en un medio efectivo para hacer una pausa y escapar del estrés crónico asociado a muchas dolencias propias del estilo de vida y que hoy están muy extendidas, como la diabetes tipo 2.»

Paramos un momento y escuchamos el canto de las currucas y admiramos las pequeñas anémonas blancas que están floreciendo.

Para entender los parámetros utilizados a la hora de calcular el bienestar, hace falta remontarse a casi dos décadas atrás.

Tyrväinen me dice que los primeros proyectos de investigación finlandeses significativos sobre el vínculo entre salud y naturaleza se llevaron a cabo a principios de la década de 2000. En la Universidad de Helsinki, Tyrväinen realizó un estudio con el investigador y profesor de psicología Kalevi Korpela, también muy conocido por su obra sobre el bienestar y el entorno, cuya finalidad era saber si estar activo en la naturaleza afectaba a la salud mental y al estado de ánimo de los urbanitas.

Más adelante, los finlandeses se juntaron con investigadores japoneses y el Instituto Finlandés de Investigaciones Forestales con el cometido de desarrollar un programa más amplio sobre el bienestar y los bosques. Los japoneses llevan desde la década de los ochenta estudiando los beneficios psicológicos del «baño de bosque», o *shinrin-yoku*.

Le pregunto cómo se evalúan las ventajas de un paseo por el bosque.

«Llevamos a cabo un ensayo controlado en un sitio como el Parque Central de Helsinki. Esto significa que, cuando el individuo llega a la prueba después de trabajar, ha tomado la misma comida antes de la visita, ha conducido el mismo rato, etcétera. Luego nos sentamos durante quince minutos y andamos por espacio de media hora. Tomamos varias muestras, como la saliva, a diversos intervalos, para medir las variaciones en las hormonas del estrés. Para evaluar cambios, se pueden utilizar análisis de sangre, como han hecho nuestros colegas japoneses. También supervisamos alteraciones del estado de ánimo, medimos fluctuaciones del ritmo cardiaco y revisamos la presión arterial conforme a un protocolo específico», explica.

En este tipo de experimento práctico, el ritmo cardiaco, me dice, es uno de los indicadores de salud más claros.

Por otra parte, la presión arterial también puede verse afectada por la contaminación del aire. Como bien sabemos, la tensión arterial elevada provoca estrés en el corazón y los vasos sanguíneos, lo cual, si se mantiene durante un periodo prolongado, puede incrementar el riesgo de apoplejía o ataque cardiaco.

«Si estás en un parque pequeño, no cuentas necesariamente con aire limpio, razón por la cual he intentado subrayar la importancia de las áreas naturales grandes y tranquilas con aire puro», añade.

Otro problema es la contaminación acústica.

«Como el ruido afecta al subconsciente y puede ser irritante, es un trastorno medioambiental causante de estrés. En muchas ciudades, sobre todo en las grandes, el ruido influye en el sistema nervioso. Las contaminaciones atmosférica y acústica están entre los riesgos más graves para la salud en Europa y Norteamérica, y si hablamos de China, es un problema de enormes proporciones», señala Tyrväinen.

Más de la mitad de la población mundial vive en ciudades. La OMS ha establecido siete categorías de efectos adversos para la salud, derivados de la contaminación acústica, que van desde trastornos cardiovasculares y del sueño a disfunciones auditivas.

Recuerdo haber leído hace años un artículo en el principal periódico finlandés, *Helsingin Sanomat,* acerca de un proyecto de investigación ligado al turismo, en el norte de Carelia, sobre el bienestar, en el que se incluía el elemento del silencio. Una de las entrevistadas, oriunda de Hong Kong, explicó al periódico que la primera vez que había oído el sonido de las gotas de lluvia fue en la naturaleza careliana.

Al principio, Tyrväinen estudió silvicultura con la idea de ser guarda forestal.

«Era un ámbito dominado por los hombres, y como mujer quería incidir en ello; estoy a favor de la igualdad de género», añade.

Sin embargo, enseguida se mostró crítica ante la enseñanza universitaria de la época, muy centrada en la industria maderera.

«Los otros valores del bosque con fines recreativos surgieron para mí con gran fuerza. Por entonces nadie hablaba de los aspectos relativos a la salud, lo que ha acabado siendo mi interés principal. Así que empecé a abrirme camino por mi cuenta», señala.

Tyrväinen creció en el Distrito de los Lagos, jugando frente al mar y en los bosques, cogiendo bayas y setas. Repite lo que parece compartir mucha gente que valora la naturaleza: una niñez en el bosque te prepara para una estrecha relación con la naturaleza que dura toda la vida.

Una de las más importantes fuentes de inspiración del trabajo de Tyrväinen ha sido la gente finlandesa.

«En nuestras investigaciones, las historias y anécdotas de personas corrientes han recalcado la importancia del bosque para ellas como fuente de bienestar mental y físico. He recibido cartas de gente que me ha contado cómo los bosques la han ayudado a recuperarse de una depresión, por ejemplo —explica—. Para los finlandeses, el bosque es como una iglesia o un templo.»

Actualmente, Tyrväinen y sus colegas están centrando su actividad en nuevas investigaciones sobre los efectos de las visitas habituales a la naturaleza en enfermedades ligadas al estilo de vida, como la diabetes tipo 2. ¿Podrían estas visitas ayudar a los pacientes a reducir la cantidad de fármacos o incluso a dejar de tomarlos del todo?

«También nos interesa comprender los efectos de la urbanización. Por ejemplo, ¿por qué los niños británicos temen a la naturaleza? No ha habido oportunidad para que evolucionara cierto contacto con la naturaleza durante la infancia, y los padres creen que sus hijos no han de ir al bosque porque no es seguro. Es algo cultural. Los finlandeses piensan que el bosque es un entorno seguro y natural donde es posible jugar», precisa. «Muchos finlandeses siguen escogiendo el bosque o la naturaleza como lugar favorito. Hace diez años, eran el noventa por ciento, una cifra ciertamente elevada.»

En las ciudades finlandesas, al igual que en muchas áreas urbanas de los demás países nórdicos, el acceso a la naturaleza es un hecho, si bien en Helsinki las políticas de ciudad compacta están siendo muy controvertidas.

«Una de las herramientas clave de la planificación urbanística consiste en garantizar amplias zonas verdes en los centros de las ciudades.»

Tyrväinen dice que uno de los principales problemas es el de preservar este estilo de vida nórdico que incluye grandes espacios verdes accesibles para los urbanitas.

«¿Cómo demostramos que vale la pena conservar estas zonas verdes? Lo difícil es tener las pruebas necesarias para convencer a los órganos decisorios de que hay que delimitar áreas naturales y animar a la gente a usarlas y respaldar ese uso. A largo plazo, esto es crucial para nuestro bienestar en el trabajo y en la vida cotidiana, al tiempo que ahorramos en atención sanitaria», agrega.

También expresa preocupación por el hecho de que, en Finlandia, la gente está adoptando un estilo de vida virtual que no contiene suficientes pausas para conectar con la naturaleza.

«Siendo todo virtual, desde la tecnología a las ciudades, es un modo de vida que parece estar conduciéndonos en una dirección que nos aleja de muchas cosas saludables», se lamenta.

«Las personas parecen funcionar como máquinas. Sin embargo, no somos máquinas y luego caemos enfermas. Y una vez que has perdido la salud, ¿qué te queda? Una de las crecientes tendencias del turismo es la desintoxicación digital. Cuando voy a tope y leo mi correo electrónico en mi tiempo libre, noto que, a largo plazo, esto no mejora mi rendimiento laboral. ¿Por qué lo hago, entonces? Los sentidos y el cerebro necesitan descansar, recuperarse y recargar las pilas», indica.

La desintoxicación digital no tiene por qué ser un lugar de retiro. En un mundo *online*, pasar a estar *offline* puede ser tan simple como dejar tu dispositivo en silencio o en modo «avión» y salir a caminar un rato por el bosque o dar un vueltecilla por un parque de la ciudad.

Aunque de joven había pasado cierto tiempo en los bosques de la Columbia Británica, en Laponia establecí una conexión que había perdido o que quizás antes no había valorado o entendido.

No voy de excursión al bosque cada semana. Aun así, incorporar dosis diarias de naturaleza a mi vida urbana, dándome un chapuzón en el mar cada mañana y desplazándome en bicicleta o andando por el parque o una zona arbolada en vez de ir por una calle atestada, ha sido un factor clave para mejorar mi bienestar.

Estos momentos de silencio y soledad, aunque solo duren entre diez y quince minutos, me procuran una pausa reconstituyente que me ayuda a desarrollar mi fortaleza y encontrar el equilibrio durante un día atareado. Forman parte de la gestión de mi sisu; dejar de estar sometida a un horario apretado o a cualquier cosa que tenga en la cabeza y pasar a los tranquilizantes sonidos de la naturaleza reduce mis niveles de estrés y me permite volver a concentrarme antes o después de un turno laboral largo, por ejemplo.

Durante nuestra reunión a pie, Tyrväinen me dijo que un reportero joven le había preguntado qué hay que hacer en el bosque si tienes niños.

**Estos momentos de silencio y soledad...
me procuran una pausa reconstituyente
que me ayuda a desarrollar mi fortaleza.**

Y ella había contestado esto: «No tienes por qué hacer nada. Cuando llevas a los niños al bosque, ellos no tienen problema alguno a la hora de decidir qué hacer y entretenerse por su cuenta durante horas. No necesitan una zona de recreo con material e instrucciones. El bosque es un buen sitio para desarrollar creatividad y habilidades motoras, por no hablar de la exposición a microbios que potencian el sistema inmunitario».

Llevo tiempo observando lo contento que está mi hijo jugando en el bosque, explorando árboles, plantas e insectos. Para un niño pequeño, simplemente ser capaz de deambular en libertad es estimulante.

A los quince meses de edad, mi hijo corría por una isla boscosa persiguiendo ardillas y chillando entusiasmado cuando veía una.

Más adelante, con cuatro años, lo llevamos por primera vez al parque nacional que hay en las afueras de la ciudad. Nos preocupaba que no fuera capaz de caminar la larga distancia de seis kilómetros. No obstante, estaba tan emocionado que prácticamente estuvo todo el rato corriendo.

Fuimos sus padres quienes tuvimos dificultades para seguirle el ritmo.

Cuidado Verde

- *La naturaleza nos permite recuperarnos de diversas maneras, por ejemplo, ayudándonos a reducir el estrés y la ansiedad y aliviando la depresión leve.*

- *Un paseo de tan solo quince minutos por una zona verde tranquila, como un parque o un bosque, hace maravillas con el cuerpo y la mente.*

- *Conviene cierta desintoxicación digital poniendo los dispositivos móviles en silencio.*

- *Centrar la atención en el entorno, como el color de las hojas de los árboles o de las flores, es una técnica útil para hacer una pausa y dejar a un lado cualquier cosa que te ronde por la cabeza.*

- *Si no hay un bosque cerca, dar un corto paseo en un parque urbano o junto a la orilla del mar también puede resultar muy efectivo.*

- *Ten en cuenta que, si haces una pausa ligada a la naturaleza, dejando a un lado las demandas cotidianas para reponerte y recargar las pilas, estimulas tu sisu.*

CAPÍTULO 6

La dieta nórdica: enfoque sencillo y sensato para tener buena salud y adelgazar

Estoy de pie en la cola de la caja del supermercado esperando mi turno para pagar; entre tanto, mientras curioseo las revistas de un estante, veo la portada de un semanario nacional de gran tirada en la que aparece la sonriente cara de una popular presentadora de noticias. El titular reza más o menos así: «Si mis pantalones me aprietan demasiado, practico *jogging* más tiempo, pero no hago concesiones con la comida».

Esta portada y su filosofía intrínseca se hacen eco de un tema con el que me encuentro a menudo en las revistas y los periódicos finlandeses, y que veo compartidos en los medios y las redes sociales. Defienden el mismo mensaje sensato: nada de dietas radicales ni de ayunos extremos; se trata de adoptar un enfoque alimentario mesurado. Si empiezas a notar presión en la cintura, reduce los dulces y los refrigerios, incrementa la ingesta de frutas y verduras, y asegúrate de hacer suficiente actividad física.

Si mis pantalones me aprietan demasiado, practico *jogging* más rato, pero no hago concesiones con la comida.

Este mensaje parece estar en marcado contraste con los sensacionalistas titulares «ciberanzuelo» de las revistas y en los periódicos norteamericanos y británicos que sigo *online*. Dichos titulares suelen abarcar toda la gama: desde «Cuatro secretos para perder peso», «La dieta de los famosos que hace todo el mundo» o «¿Por qué el azúcar es el enemigo?» hasta «¿Por qué no has de comer nunca plátanos?» o «Cinco alimentos que no debes tomar jamás».

Intentar estar al día de todo esto puede resultar abrumador para cualquiera. Es buena idea interesarse por las investigaciones científicas novedosas sobre los beneficios salutíferos y las propiedades de diversos alimentos, pero, viendo el esfuerzo necesario que hay que hacer para estar informado, parece que seguir una dieta sana y equilibrada ha acabado siendo, para muchas personas, algo complicado.

Durante años, mi dieta adulta no tuvo nada que ver con la que había seguido de niña con mi familia finlandesa-canadiense. Mis padres tenían sobre la comida y el ejercicio un enfoque nórdico sencillo y sensato que hasta el día de hoy los ha mantenido sanos, delgados y jóvenes. Nunca se han puesto a régimen ni han ido al gimnasio.

Sin embargo, cuando yo era pequeña, no siempre valoré su planteamiento. Al fin y al cabo, estaba creciendo en Canadá y era la niña inmigrante de nombre divertido que procuraba adaptarse desesperadamente. Uno de mis recuerdos más vívidos es la hora del almuerzo en la escuela primaria, cuando intentaba infructuosamente intercambiar mi queso Edam con pan integral por ese blanco y esponjoso pan de molde con mantequilla de cacahuete y mermelada..., algo que mis padres no compraban jamás.

Más adelante, ya adulta, hice uso de mi independencia ingiriendo lo que me venía en gana. Satisfacía mi condición de aficionada a lo dulce y lo sabroso (actualmente aún me cuesta no zamparme todas las galletas o las patatas fritas de la bandeja) y me saltaba comidas o comía de forma irregular en un intento por controlar mi peso. No caía en la cuenta de las consecuencias (bajo nivel de azúcar en la sangre, poca vitalidad, estado de ánimo flojo) de no atenerse a un patrón alimentario regular de desayuno, almuerzo y cena.

Mientras seguir una dieta equilibrada es importante para todos y en los últimos años ha aumentado la conciencia nutricional, para alguien propenso a la depresión las ventajas de prestar más atención a lo que come pueden ser enormes.

Hace poco descubrí un estudio finlandés de 2013

según el cual una dieta sana podía reducir el riesgo de caer en una depresión grave.

En una tesis doctoral relacionada con el campo de la epidemiología nutricional, Anu Ruusunen observó que la comida basura, el azúcar y las carnes procesadas estaban relacionadas con un nivel elevado de síntomas depresivos. Ruusunen advirtió que «una dieta saludable rica en folatos y un patrón dietético abundante en verduras, frutas, bayas, cereales integrales, aves, pescado y queso bajo en grasas pueden proteger contra la depresión».

En 2017, al otro lado de la frontera, en Suecia, unos investigadores del Instituto Karolinska hicieron públicos los resultados de un estudio según el cual los adultos de cierta edad que seguían una dieta nórdica sana exhibían un mejor nivel cognitivo que quienes incluían alimentos grasos y procesados, así como montones de golosinas en sus comidas.

Ahora todo esto me parece de sentido común.

Sencillez en el plato

En resumidas cuentas, la dieta nórdica es un enfoque juicioso de la alimentación en el que abundan las bayas, las verduras y el pescado graso. Aboga también por ingerir menos carne roja y más pescado, comer bayas con alto contenido en antioxidantes (compuestos naturales de las plantas que ayudan a mantener a raya el cáncer, las enfermedades coronarias y la apoplejía, amén de otras afecciones) y consumir más pan de centeno, que contiene tres veces más fibra que el blanco y es rico en vitaminas B, hierro, magnesio, cinc y antioxidantes. También es aconsejable utilizar aceites de bajo contenido en grasas saturadas, como el de canola o el de oliva virgen extra.

A simple vista, observo que muchas personas que he conocido en Finlandia y otros países nórdicos como Suecia y Noruega, tienen en común esta filosofía alimentaria relativamente sencilla.

Debo decir que, aun así, en Finlandia no toda la gente come con arreglo a un régimen sano y equilibrado; hay quienes se embarcan en dietas de moda y padecen trastornos alimentarios y, como pasa en muchos países, uno de los principales problemas para la salud es contrarrestar los efectos del estilo de vida cada vez más sedentario y los alimentos azucarados y demasiado procesados.

Los finlandeses tampoco son, desde el punto de vista estadístico, las personas más delgadas del mundo; si nos atenemos a comparaciones recientes, se hallan en mitad de la tabla. En cualquier caso, entre el setenta y cinco y el ochenta por ciento de la población lleva bastante bien todo lo relativo al peso.

Según un exhaustivo estudio, «Consecuencias de la obesidad y el sobrepeso para la salud en 195 países a lo largo de 25 años», publicado en 2017 en la *New England Journal of Medicine*, los Estados Unidos tienen el mayor número de adultos obesos, casi ochenta millones, lo que equivale al treinta y cinco por ciento de la población. En términos comparativos, son oficialmente obesos entre el quince y el diecinueve por ciento de los hombres finlandeses, y entre el veinte y el veinticinco por ciento de las mujeres finlandesas.

De acuerdo con los parámetros del estudio, ser obeso significa tener un índice de masa corporal superior a treinta, lo que a su vez se considera «un factor de riesgo para un conjunto creciente de afecciones, entre ellas la enfermedad cardiovascular, la diabetes mellitus, la insuficiencia renal crónica, numerosos cánceres y diversos trastornos musculo-esqueléticos».

¿Los culpables? La urbanización, la falta de actividad física y la mala alimentación.

Al parecer, muchos de mis amigos y conocidos nórdicos tienen con la comida una relación menos complicada que en el Reino Unido o Norteamérica, donde la comida y la dieta suelen ser asuntos peliagudos, con frecuentes cambios de hábitos y una atención permanente al nuevo «enemigo» alimentario.

Por ejemplo, una idea errónea que circula tras haber resurgido es que los plátanos son nocivos y engordan, por lo que hay que evitarlos a toda costa. Ahora bien, como los plátanos contienen potasio, fibra y diversos nutrientes, entre ellos la vitamina B6 y la vitamina C (y encima vienen con su propio envoltorio biodegradable), es fácil sostener que constituyen un buen bocado natural y una opción mucho mejor que algo artificial.

Pero como no soy una experta en nutrición, como atestiguan mis anteriores revelaciones dietéticas, me pongo en contacto con el principal nutricionista finlandés, Patrik Borg, autor de varios libros sobre comer bien, para saber más sobre la dieta nórdica y qué efectos conlleva una alimentación sana. Borg también ha creado conceptos relacionados con el bienestar y la gestión del peso, y es profesor y bloguero.

Llevo muchos años siguiendo su carrera, pues uno de sus mensajes más importantes me atrae por lo sencillo y fácil que parece, «come bien y adelgaza», que es también el título de uno de sus libros superventas en Finlandia.

En esencia, su idea es así de simple:

«Si sigues una dieta equilibrada con muchas frutas y verduras, aves, pescados y cereales integrales, de vez en cuando puedes comerte una hamburguesa con patatas fritas o un trozo de tarta. Has de disfrutar de la comida, de lo contrario te sentirás fatal y te resultará más difícil ceñirte a una alimentación sana y equilibrada.»

Como soy una persona con antojos ocasionales, esto me tienta muchísimo.

Adelgazar comiendo bien

Quedo con Borg, un hombre animoso de cuarenta y tantos años con una sonrisa juvenil, en una luminosa cafetería de Helsinki ubicada en un edificio proyectado por Alvar Aalto, uno de los más famosos diseñadores y arquitectos finlandeses del siglo xx.

(Quedar con un experto en nutrición para tomar café está muy bien, toda vez que los finlandeses son los que toman más café per cápita en el mundo: según la Organización Internacional del Café, veinte kilos por persona y año.)

Le pido detalles acerca de su filosofía alimentaria sobre perder peso comiendo bien.

«Si comemos regularmente de forma sana y equilibrada e ingerimos alimentos de buena calidad entre los que se incluyan muchas verduras, disminuyen los antojos de comida menos sana, así como el aumento de peso. Si te permites algún placer ocasional, una dieta equilibrada no se verá afectada porque ya te has concedido el permiso pertinente, mientras que si sigues una dieta rigurosa, habrá más tentaciones de darse uno ciertos gustos precisamente porque están prohibidos», explica.

También me complace su mensaje positivo de moderación: «Comer de forma relajada significa incrementar lo bueno, más que reducir lo malo».

Así pues, ¿cómo se lleva a la práctica esta filosofía de la alimentación?

En primer lugar, Borg defiende dos hábitos que he observado en muchísimos finlandeses: un desayuno y un almuerzo adecuados.

«¿Tu desayuno es lo bastante abundante? Necesitas energía de la que abastecerte durante todo el día. En Finlandia, se entiende y se valora el concepto de desayuno sustancioso, por lo que la gente aprecia la sensatez de este consejo. Un almuerzo como está mandado también es una idea aceptada de buen grado», señala.

Borg hace hincapié en que comer bien durante el día tiene efectos a más largo plazo, como el de dormir mejor. Si estás cansado, estresado y hambriento, dice, serás más propenso a comer en exceso por la noche y a optar por alimentos poco saludables, lo cual tendrá una influencia negativa en la calidad del sueño.

«Comer de forma relajada significa incrementar lo bueno, más que reducir lo malo.»

Mientras habla, recuerdo que una de las primeras cosas que advertí con respecto a los hábitos alimentarios de los países nórdicos era la importancia que muchos de mis amigos y colegas daban a un desayuno abundante. En un viaje de prensa con un grupo de periodistas nórdicos, observé que mi colega y amiga Senja, con la que los primeros años viajé a menudo por motivos de trabajo, siempre remataba su muesli o sus gachas matutinas con bayas y frutos secos, y, dondequiera que estuviéramos, solía buscar todas las frutas y verduras del bufé de desayuno del hotel.

Mientras hablamos de hábitos alimentarios en el mundo, Borg me dice que un aspecto que simplifica su trabajo es que, en Finlandia, la gente es muy consciente del triángulo nutritivo, o plato modelo, que se enseña desde la guardería infantil. «Se trata de un concepto tan familiar que a la gente que está reconsiderando sus costumbres dietéticas es fácil comprometerla con el principio 1/2, 1/4, 1/4», explica.

El modelo finlandés sugiere que la mitad del plato se componga de verduras (ensalada o verduras frescas, al vapor o a la parrilla), una cuarta parte de patatas, arroz, pasta u otros cereales, y una cuarta parte de proteínas en forma de pescado, aves, carne roja, legumbres o frutos secos y semillas.

Parece muy sencillo y fácil de seguir.

Fiel al típico estilo autocrítico finlandés, Borg enseguida señala que esto se podría mejorar: tentempiés saludables regulares entre comidas.

También pone el acento en dos puntos fuertes de la dieta finlandesa tradicional, el pan de centeno y las bayas, que resultan ser también superalimentos.

El pan de centeno es el favorito en el país; el centeno se cultiva en Finlandia desde hace dos mil años. Su alto contenido en fibra favorece la digestión y, al parecer, tiene la ventaja de mantener estables los niveles de azúcar en la sangre, lo que protege de la diabetes.

En cuanto a las bayas del bosque, según el Instituto Finlandés de Recursos Naturales (Luke), contienen importantes vitaminas y minerales y gran cantidad de fibra, si bien no una gran proporción de calorías. Las bayas son asimismo ricas en polifenoles, eficaces antioxidantes.

Luke enumera las ventajas de los antioxidantes: «Los antioxidantes... evitan que el colesterol se oxide y acabe forrando el interior de las venas. Al parecer, también aminoran el ritmo de crecimiento de las células cancerosas, reducen la formación de tumores, y controlan las reacciones inflamatorias y alérgicas, así como el crecimiento de bacterias y virus».

Otro elemento clave de una dieta sana es el agua. Como Finlandia cuenta con uno de los suministros de agua más limpia del mundo, la que sale del grifo es pura y deliciosa, por lo que no hace falta comprarla embotellada. Según un artículo de 2017 publicado en el principal periódico finlandés, *Helsinging Sanomat*, el agua del grifo sigue siendo la bebida preferida del país para saciar la sed.

Borg también dirige una consultoría sobre gestión del peso y alimentación saludable, donde atiende a clientes que creen que sus hábitos alimentarios se han descontrolado y hay que reconducirlos.

En relación con esto, hace hincapié en la importancia de comprender «por qué» la alimentación de una persona ha descarrilado. Una de las razones más habituales, dice, es la ingestión emocional. Hemos de entender por qué alguien sustituye comidas regulares y equilibradas por un paquete de galletas o una tableta de chocolate. ¿Es para combatir el cansancio, para adquirir energía adicional o quizá para obtener consuelo? Dice que si los padres te premiaban con golosinas cuando eras pequeño, quizás estés repitiendo inconscientemente la misma acción contigo mismo de mayor.

Aunque, siendo niña, mis padres no me recompensaban con dulces, de adulta he comido a menudo chocolate o chucherías en un esfuerzo por elevar mis niveles de energía, sobre todo por la noche. Ahora lo hago mucho menos, pues me he dado cuenta de que puedo conseguir energía complementaria si salgo a la calle y realizo alguna actividad.

«Es importante identificar las fuentes de la ingesta emocional», señala Borg. «Todo está interconectado: si no duermes bien y estás cansado durante el día, quizá seas más susceptible de comer en exceso en un intento de adquirir más vitalidad.»

Si hablamos de alimentación, es también importante ser consciente de la relación con la bebida. «Si bebes alcohol a diario o en cantidades importantes —señala Borg—, conviene examinar las razones implícitas: ¿es el estrés o hay otro motivo?»

Le pregunto a Borg si en su opinión los finlandeses tienen una entereza especial en lo relativo a la gestión de su salud y su bienestar.

«Sí, desde luego. Las personas quieren estar en buena forma y proceden al respecto con el sisu y un enfoque sensato. El aspecto negativo del sisu es intentar hacerlo todo por cuenta propia, sin pedir ayuda.»

Tengo curiosidad por saber más sobre los propios hábitos de vida de Borg y lo que come en un día normal.

Dice que, por lo general, comienza la mañana con un desayuno completo que incluye yogur natural y muesli de frutos secos, frutas y bayas. Más tarde, para almorzar se sentará frente a un plato caliente que contendrá verduras, ensalada y una fuente de proteínas. Y en la cena se reunirá con su familia (tiene dos hijos) para tomar otra comida completa conforme al mismo modelo de plato que en el almuerzo.

Y, en efecto, de vez en cuando disfruta con la conciencia tranquila de golosinas y pequeños festines, como el tradicional *pulla* finlandés, un pan dulce con sabor a cardamomo.

Borg dice no ver la televisión y, además de ser un entusiasta de las actividades al aire libre, practica el fútbol y el squash en algunas competiciones y también hace *jogging*.

En el caso de muchos finlandeses que he conocido, parece que la saludable ecuación alimentaria incluye un vínculo estrecho con la naturaleza. Borg es patrocinador voluntario de parques nacionales, lo cual significa que asume el cometido de protegerlos y animar a la gente a familiarizarse con los numerosos parques del país. Dice que para él es una labor natural, pues el bosque es uno de sus lugares favoritos.

«En el bosque, los finlandeses se encuentran muy a gusto: pasan tiempo juntos y se relajan. Una de mis actividades preferidas es coger setas; por ejemplo, colmenillas. Recolectar es como un juego en el que al mismo tiempo consigues comida, de la que después disfrutas en platos caseros, como un *risotto* o una pasta», explica.

Según Luke, las setas del bosque son una interesante fuente de proteínas y fibra, y contienen además diversas vitaminas, entre ellas varias del grupo

B, como la niacina, la riboflavina, el ácido fólico, la piridoxina y la cobalamina. Las setas también exhiben propiedades potenciadoras del sistema inmunitario y rebosan de vitamina D.

Debido al derecho de todo ciudadano (*jokamiehen oikeus*, en finés), no solo hay libertad para acceder a terrenos públicos o privados con finalidades recreativas; también se pueden coger bayas, hierbas, frutos secos y setas.

Como hay tramos de bosque por todo el centro de la ciudad, la recolección urbana en Helsinki también es una opción. Esto significa que si sabes identificar las setas y las bayas, camino de casa puedes hacer acopio para la cena.

La temporada de recolección suele empezar a finales de julio y terminar a principios de octubre. Cabe señalar la importancia de saber lo que estás cogiendo, pues determinadas setas, por ejemplo, son venenosas.

Asimismo, coger setas y bayas es un buen ejemplo de sentido práctico nórdico. Fue una forma de vida en Finlandia mucho antes de que la gastronomía local llegara a ser una moda. También me parece una actividad «tipo sisu»: ir en busca de comida en vez de conducir hasta el supermercado para comprar bayas y setas.

El huerto comestible

Además de los derechos de recolección, el país está salpicado de parcelas cultivadas. Como pasa con los huertos comunitarios que nos encontramos en muchas partes del mundo, estos terrenos brindan la posibilidad de hacer crecer frutas, verduras y flores a quienes carecen de acceso a una vivienda rural o una casa provista de patio.

En los países nórdicos, concretamente en Dinamarca, al parecer el primer huerto de este tipo se remonta a 1655; de ahí la idea pasó a Suecia, Noruega y Finlandia.

Los primeros huertos comunitarios finlandeses datan de principios de la década de 1900. Algunos tienen propietario y, además de una pequeña parcela de tierra, suelen incluir una casita muy sencilla apropiada para pernoctar. Muchos huertos están en las ciudades o en sus inmediaciones, con lo que resulta fácil llegar a ellos en coche, bicicleta o transporte público.

Actualmente, cultivar la propia comida tiene poco que ver con la necesidad, pues los estantes de los supermercados están bien abastecidos de productos alimenticios de todo el mundo. No obstante, se mantiene la tradición finlandesa de recolectar en verano bayas y tubérculos ricos en minerales y congelarlos o preparar conservas para el invierno. Se trata de otro excelente ejemplo de sisu HUM. En lugar de tomar el camino fácil de comprar las bayas en la tienda o hacer el pedido por Internet, la gente va al bosque o al huerto y pasa un rato en contacto con la naturaleza. Recolectar o atender un huerto son actividades con las que la gente (al margen de su renta, edad o clase social) disfruta. Durante la época de floración, los medios de comunicación rebosan de imágenes de todo, desde coloridas bayas silvestres maduras (como frambuesas, fresas, arándanos o moras árticas..., en Finlandia hay hasta cuarenta variedades de bayas comestibles) hasta amarillos rebozuelos, los preferidos de la mayoría.

Aunque no pretendo ser una recolectora, mi hijo y yo sí preparamos un sencillo batido a partir de las bayas de aronia arrancadas de los arbustos que crecen junto a la orilla del mar, cerca del barrio. Estas bayas de color morado oscuro contienen antioxidantes y están llenas de vitaminas, como la C y la E, amén de minerales como el magnesio, el hierro y el potasio.

Las habilidades prácticas de recolección y cuidado de los huertos de tantas personas en Finlandia me inspiran y me impresionan continuamente. Mi buena amiga Tiina es un excelente ejemplo de esta filosofía que podríamos denominar «cultiva y cosecha por tu cuenta». Cada vez que Tiina me ha invitado a comer, la mayoría de los platos de la mesa han sido elaborados a partir de ingredientes que ella misma ha recolectado o cultivado.

Como en el caso de Borg, el enfoque alimentario de Tiina pone el acento en las bayas, los cereales y las verduras de temporada, y no rehúye un placer ocasional en forma de tarta o pastel.

De hecho, su perspectiva alimentaria me parece absolutamente innovadora.

«Jamás he seguido una dieta ni he intentado adelgazar», explica Tiina, que usa la talla treinta y seis. «He aumentado algo de peso con la edad, pero creo que es algo natural. En mi opinión, ponerse a régimen es absurdo, y para algunas personas puede ser incluso peligroso. Y a menudo resulta inútil, pues se recupera el peso inicialmente perdido», añade.

«La comida es algo que valoro muchísimo, y estoy orgullosa de haber transmitido esta devoción a mis hijos. Se trata también de una cuestión política y social. Quiero asegurarme de que mi familia no come sin ética, pese a que los problemas sociales que rodean a los alimentos son complicados. Quiero estar segura de que la comida no procede del otro extremo del mundo y que no consumimos demasiados productos procesados o precocinados. En todo caso, los alimentos precocinados no siempre son malos, todo lo contrario: los falafel y otros platos que se pueden comprar en el supermercado son buenos y están bien elaborados. Todo es cuestión de equilibrio», dice.

«No creo en los absolutos..., me gusta el dulce y no me parece que el azúcar sea tan nocivo. No conviene tomar demasiado, claro. Algunos caprichos del supermercado contienen grasas malas, razón por la cual procuro hacer mis propios postres, y así sé exactamente la cantidad de azúcar y de grasas que llevan», explica Tiina.

Nunca me he encontrado con Tiina en la tienda del barrio, y ahora sé por qué: prefiere coger los ingredientes del huerto de su casa de verano y en los bosques cercanos.

Estamos en agosto; en mitad de la conversación, dice: «Hoy seguramente habrá colmenillas, hierbas y cebollinos con una base de ensalada. Y tal vez calabacín, si está maduro».

«Aparte del interés que suscita en mí, estoy sintonizada con la estacionalidad: setas, bayas, plantas silvestres comestibles como las ortigas, el diente de león o las hojas de abedul. Cada año aprendo algo nuevo sobre todo esto. Este verano preparé para mi familia una pizza de pícea, que según mi hija y su novio es, sin lugar a duda, una especialidad finlandesa. En cualquier caso, a ambos les gustó muchísimo», añade.

También es una entusiasta de las frutas y las bayas, y me explica que en el bosque coge arándanos y moras árticas. En la parcela de su casita y el huerto de frutales tiene moras, guindas, frambuesas, manzanas y ciruelas pequeñas. Como muchos finlandeses, Tiina elabora con todo ello salsas, mermeladas y purés, que congela para poder consumirlos a lo largo de todo el año.

También cultiva una amplia variedad de hortalizas, hierbas y especias, desde orégano, romero y cebollino hasta albahaca y cilantro.

«Me encantan las acelgas, y cada año planto distintos tipos de lechuga, aparte de calabacines y patatas. También me gusta la remolacha, que aquí se da bien. Planto asimismo patatas, colinabos, alubias blancas, frijoles amarillos, habichuelas negras, tomates y pimientos rojos», concluye.

Y ante la prodigalidad de la naturaleza mantiene un enfoque «zen nórdico».

«En Finlandia, y probablemente en cualquier otra parte del mundo, hay un dicho sobre lo que la naturaleza o el bosque no te ofrece este año. Yo he adoptado la actitud de que si no encontramos una clase concreta de baya o de seta, habrá otra cosa. Si el inicio de la temporada es malo para las setas, quizás el final sea mejor», señala. «Hoy en día, una persona no va a sufrir porque falte alguna cosa, desde luego.»

Vida en la casita del campo

Para muchísimos finlandeses, un huerto de verduras y árboles frutales constituye un elemento clave de la experiencia rural. Denominada *mökki* en finés, la casa de verano en el campo es una institución nacional a la que la gente va a relajarse, descansar y recargar las pilas, a ser posible junto al mar.

Aunque en Finlandia hay más de medio millón de casas de campo o casas de vacaciones, según cierta estimación el número de usuarios activos supera los tres millones, cifra por habitante que es superior a la de cualquier otro lugar del mundo.

Casi toda la gente parece ir a una casita rural a pasar una semana o algún tiempo más durante el verano, tanto si la casa es propia como si accede a ella gracias a amigos o familiares, o puede que sea, simplemente, de alquiler. La clave es relajarse y pasar tiempo en contacto con la naturaleza.

Es la pausa por excelencia de la vida laboral: en Finlandia, muchas personas disfrutan de unas vacaciones anuales de hasta cinco semanas, lo cual depende, como es lógico, del tipo de trabajo.

Algunas casas tienen todas las comodidades y están acondicionadas para el invierno, pero muchos se alegran con orgullo de escapar de todo eso y vivir sin lujos (sin electricidad ni agua corriente, por ejemplo), para así regresar realmente a la naturaleza suprimiendo todo lo accesorio.

Uno de los fines de semana en una *mökki* más reparadores que he pasado fue en la casa de un amigo junto al lago Näsijärvi, cerca de la ciudad de Tampere. Construida en la década de 1920, el edificio de madera tenía una sauna en la superficie del lago, ideal para lanzarse al agua tras un buen baño de vapor, y carecía de agua corriente y electricidad.

El redescubrimiento de tareas sencillas como lavar los platos a mano tras una comida compartida me recordaba los placeres de las acampadas de mi niñez. Existe una conciencia de los ritmos de la naturaleza: la luz y la oscuridad sientan la pauta de qué actividades se pueden hacer y cuándo, y cada día se respira una especie de armonía relajada.

Una de las descripciones más conocidas de la vida en una casita de campo finlandesa corresponde a Tove Jansson, creadora de los *mumins* y autora de *El libro del verano*. En una serie de viñetas intemporales, Jansson captura elocuentemente la esencia de un verano en una casa emplazada en una pequeña isla del golfo de Finlandia, con una abuela y Sophia, de seis años, inspirada en la propia nieta de Jansson. Mientras las dos cruzan el «bosque mágico» y recorren la costa de la isla, hablan de cosas importantes: el amor, la vida, la amistad y la muerte.

Jansson vivió en una isla del archipiélago de Pellinge, muy parecida a la descrita en su libro. Su escritura capta la intensidad del verano, que en esta parte del mundo es un romance breve. Y ahí radica parte de su hechizo.

Vivir en un lugar del norte con cuatro estaciones diferenciadas, de inviernos largos y veranos cortos, me ha enseñado a estar agradecida a cada una y a prestar atención a detalles como la siempre cambiante luz nórdica. Como la luz es un recurso aparentemente inagotable durante los meses de verano y un bien fugaz valiosísimo en los oscuros meses invernales, ha acabado siendo una cualidad que tomo en consideración como nunca antes lo había hecho.

Tiina tiene en el campo una encantadora casita de madera pintada de rojo con una puerta de entrada azul, situada a cuarenta y cinco minutos en coche desde Helsinki. El modesto edificio de dos plantas fue construido a finales de la década de 1800, y se amplió más adelante, en los años cuarenta del siglo pasado. A partir de entonces funcionó durante varios años como tienda del pueblo. Cuando Tiina y su familia la adquirieron hace casi veinte años, pertenecía a un famoso artista y ceramista.

Como es lógico, le pregunto a Tiina qué significa para ella la casita. Sus respuestas a muchas de mis preguntas me parecen razonadas, juiciosas y dignas de mención.

«Es un sitio para relajarse y hacer otras cosas, y además siempre resulta visualmente fabuloso, pues el paisaje cambia con cada estación. Es un lugar para pasar con la familia los fines de semana y las vacaciones. Como mis hijos adultos y sus cónyuges tienen sus propias habitaciones, podemos estar todos juntos, aunque cada uno en su propio espacio. Para mí, la casa rural es importante porque está cerca del bosque y del huerto. Puedo nadar, en verano y en invierno, y existe un *avanto* (emplazamiento para los baños invernales) cuyo mantenimiento corre a cargo del municipio. En invierno practico esquí de fondo si hay nieve. Con mi familia exploro los senderos naturales de los bosques. En otoño paso mucho tiempo en la espesura, tal vez demasiado. Es como una adicción. Intento tomarlo como un ejercicio ocasional.»

Consejos relativos a la dieta nórdica

- *No te compliques la vida: piensa en el plato modelo y procura que la mitad de la comida se componga de verduras (ensalada o verduras al vapor), un cuarto de patatas, arroz, pasta u otros cereales, y un cuarto de proteínas, como pescado, aves, carne roja, legumbres, frutos secos y semillas.*

- *Al seleccionar los alimentos en la tienda, mira la cesta o el carrito. ¿Se refleja ahí el plato modelo, con su montón de frutas y verduras? Suele ayudar pensar en un arcoíris: ¿tu selección de hortalizas y frutas presenta una variedad amplia de colores?*

- *Añade frutas y bayas a tus gachas o cereales matutinos, o cómetelas a modo de tentempié saludable.*

- *Consume alimentos de temporada.*

- *Que el agua sea la primera opción para saciar la sed.*

- *Si no puedes recolectar productos propios, considera la posibilidad de cultivar tomates o hierbas en jardineras de ventana.*

- *Los mercados de agricultores o las granjas de recolección ofrecen una opción de gran éxito, especialmente entre los niños.*

- *Las excursiones recolectoras son una magnífica manera de aprender sobre alimentos silvestres disponibles cerca de donde vives.*

CAPÍTULO 7

Comenzar de manera saludable: fomento del sisu desde la primera infancia

Conozco a mi futuro marido en un tren que va desde Helsinki a San Petersburgo. Formamos parte de un viaje de prensa; yo voy como periodista, y él ha sido invitado como amigo de uno de los organizadores, aprovechando una cancelación de última hora.

Nacido en la India, pero criado en Finlandia desde los cinco años, Tino es guapo, carismático y cosmopolita. Habla varios idiomas y, sin saberlo yo entonces, es una celebridad nacional, pues a finales de la década de los noventa participó en exitosas producciones teatrales y presentó un popular programa de televisión.

Mientras hablamos, tengo una extraña sensación de familiaridad, como si ya nos conociéramos. Me recuerda a mis amigos canadienses, a quienes echo de menos. De hecho, de entrada me da la impresión de que ha vivido en Norteamérica, pues habla un inglés casi perfecto y es afable y se le da bien la cháchara típica de cierto cautivador estilo norteamericano. Sin embargo, aunque ha viajado bastante, resulta que no ha estado nunca en Canadá.

Es el alma de la fiesta, y a lo largo del fin de semana pasamos juntos mucho tiempo. Después del viaje, en Helsinki nos vemos a menudo y nos vamos conociendo hasta que la amistad se convierte en una relación amorosa.

A partir de ahí, las cosas se suceden con rapidez. Tras salir juntos unos ocho meses, me propone matrimonio, y acepto. Poco más de un año después, a principios de 2010, nace nuestro precioso hijo: así es como experimento de primera mano la maternidad y el sistema de atención infantil en Finlandia.

La famosa caja finlandesa para bebés

Quedarse embarazada en Finlandia tiene muchas ventajas: por ejemplo, exámenes prenatales regulares, asesoramiento sobre cómo mantenerte sana durante el embarazo o derecho a tener asiento en el autobús (dejo de ir en bicicleta por la seguridad del feto). Sin embargo, uno de los momentos (con diferencia) más memorables del embarazo es la llegada de la alabadísima caja para bebés, que en esencia es un kit básico para futuros padres.

El concepto finlandés de «paquete de maternidad» ha suscitado un considerable interés internacional, sobre todo después de determinados artículos periodísticos sobre el tema. La idea sigue extendiéndose por el mundo; en los últimos años, estados como Nueva Jersey y países como Escocia han comenzado a ofrecer cajas para bebés. Diversas empresas privadas de distintos países también han sacado partido de la idea y han vendido diferentes versiones del mismo concepto.

En una oscura tarde de diciembre, cuando estoy ya de ocho meses, me acerco a la oficina de correos a recoger una recia caja que contiene prácticamente todo lo que me hará falta durante los primeros meses de vida del bebé, desde un saco de dormir a pañales de tela reutilizables. Aunque se ha escrito mucho acerca de la caja de cartón que se pliega, no conozco personalmente a ninguna familia finlandesa que la use como moisés. ¡Se usa sobre todo como trastero!

En casa, por la noche, mi esposo y yo abrimos la caja y nos quedamos asombrados ante la cantidad de cosas (unas cincuenta) que contiene, sin tener mucha idea todavía de lo útiles que serán prácticamente todas.

Entre los productos cuidadosamente empaquetados hay objetos muy prácticos, como unas tijeras seguras para los bebés (¿quién iba a decir que a los recién nacidos les crecen las uñas tan deprisa y hay que cortárselas tan a menudo?), un suave cepillo para el pelo y conjuntos de algodón suave (pantalones y camisetas) en colores neutros en cuanto al género (hay un biberón, un traje de invierno completo con gorro y todo, botitas y guantes, un termómetro para garantizar que la bañera no esté demasiado caliente..., e incluso un libro para bebés, *lloinen lorutoukka* (traducido aproximadamente como «La oruga de la feliz canción infantil»), algo que parece oportuno en un país considerado uno de los más cultos del mundo.

También se hace hincapié en la sostenibilidad; por ejemplo, gran parte de la ropa está confeccionada con telas recicladas, y siempre que es posible se da prioridad a los tejidos ecológicos, inocuos para el medio ambiente.

Cabría decir que las raíces del paquete finlandés de la maternidad están en un tipo de sisu: afrontar adversidades y encontrar soluciones. El concepto de «paquete de maternidad» se introdujo para abordar un problema concreto de finales de la década de 1930 en Finlandia: índices de natalidad bajos y de mortalidad infantil elevados. Además de garantizar a todas las madres finlandesas acceso a los servicios públicos de salud, la caja era clave para ayudar al país a acometer el segundo problema: a finales de la década de 1930, moría uno de cada diez bebés en su primer año de vida. En 2015, Finlandia tenía una de las tasas de mortalidad infantil más bajas del mundo.

En la actualidad, en Finlandia el paquete de maternidad está a disposición de todos los futuros padres.

Los primeros años

Después de nacer nuestro hijo, nos adaptamos al hecho de ser padres primerizos y a la nueva realidad de dormir menos a causa del bebé.

Experimento un episodio de depresión posparto que, viéndolo retrospectivamente, sin duda se debió a la tormenta de hormonas, al importante cambio en mi vida y a dormir poco y no hacer ejercicio físico. Hasta ese momento de mi estancia en el país, buena parte de mi bienestar general ha fluido sin grandes esfuerzos, por lo que aún no soy consciente de lo alerta que debo estar para mantener un equilibrio que incluya abundante ejercicio y descanso.

A ello hay que añadir algunas dosis de ingenuidad grave por mi parte al pensar que ser madre tendría que ver sobre todo con vestiditos monos, mimitos y sesiones de fotos. Al fin y al cabo, en mi etapa adolescente había hecho bastante de canguro y más tarde ejercí de madrina. Los bebés y los niños me encantan. Creía saber lo que suponía cuidar de una personita...

No obstante, la realidad de responsabilizarte de un niño pequeño veinticuatro horas al día, siete días a la semana, junto con el hecho de estar acostumbrada a trabajar a tiempo completo y ser relativamente independiente, significa que me espera un cambio vital más que notable. Pese a la ayuda de amigos y parientes, me resulta de veras duro pasar largos periodos en casa, sola con el niño, durante el generosísimo año de permiso por maternidad al que tengo derecho como muchas otras madres primerizas en Finlandia.

Mi sensación de aislamiento aumenta cuando me veo sentada, con cara de sueño, junto a otros padres y bebés, en un esfuerzo por salir, hacer más vida social y procurar que mi pequeño tenga todo lo que necesita. Sin embargo, como no crecí en Finlandia, no conozco ninguna de las canciones de cuna finlandesas. Esto solo agrava la sensación de ineptitud cuando me comparo con las supermamás que han recuperado su peso anterior al embarazo (para eso tardé varios años; no lo conseguí del todo hasta que descubrí la natación invernal), cuyos bebés duermen toda la noche, o que preparan su propia comida orgánica infantil a partir de bayas finlandesas (naturalmente) y visten a sus hijos con atuendos de buen gusto.

Afortunadamente, sin embargo, nos damos cuenta de que estoy deprimida y buscamos y recibimos enseguida ayuda profesional que incluye psicoterapia, algo de lo que he sacado mucho provecho en otros momentos de mi vida. Esto me permite comprender lo valioso y beneficioso que es hablar de lo que me preocupa y me provoca ansiedad, en vez de intentar ser sistemáticamente resiliente (o tener demasiado sisu) y afrontarlo todo por mi cuenta.

Es una lección que al parecer he de aprender una y otra vez. Cuando explico de veras mis inquietudes, miedos y preocupaciones a otras personas, resulta que muchas se identifican con todo ello. La gente te alienta y te entiende. Nadie parece esperar de mí que logre los objetivos perfeccionistas y poco realistas que me propongo. El simple proceso de expresar y compartir una inquietud en voz alta, sea a un terapeuta o a un amigo, la vuelve más soportable.

Gracias a haber hablado con terapeutas, comprendo lo que a toro pasado parece bastante obvio: yo era muy dura conmigo misma porque creía que no lo estaba haciendo lo bastante bien como madre. Pero resulta que esto es algo habitual entre las primerizas, sobre todo las que tienen hijos a cierta edad. Tardé un tiempo en aceptar que, a pesar de mis mejores intenciones, algunos días no se podía hacer la colada. Y que por eso no se acababa el mundo.

Una mañana nos despertamos descansados, y caigo en la cuenta de que toda la familia ha dormido la noche entera sin interrupciones.

Para entonces, he vuelto a trabajar a tiempo completo y nuestro hijo, que ya camina, está metido de lleno en el sistema finlandés de guarderías, que es realmente asombroso, sobre todo cuando intercambio impresiones con amigos de otros países que también tienen hijos pequeños.

El sistema finlandés no solo está bien organizado —tenemos la gran suerte de que la guardería (y más adelante el centro de preescolar y luego la escuela) está a unos minutos a pie desde casa—, sino que también es funcional y sensato, y está dirigido por profesores y cuidadores de primera infancia con una gran preparación profesional.

No hay televisiones ni iPads. No es un servicio de canguros: los niños de hasta cinco años aprenden a socializar, a jugar juntos, cantar, hacer manualidades y trabajos constructivos, a usar el cuchillo, el tenedor y la cuchara, y a tomar comidas relativamente equilibradas servidas todas en la guardería. No tenemos por qué empaquetar almuerzos ni llevar nada.

Como he sabido más adelante, el beneficio extra de la comida gratis se mantiene a lo largo de todo el sistema escolar; cada día entre semana se le da al niño un almuerzo caliente. La idea de este bien común (no se aprende con el estómago vacío, y todos y cada uno de los niños han de estar alimentados) se remonta a 1943, en plena guerra. Finlandia fue el primer país en iniciar esta práctica, que ha continuado hasta hoy. La comida no será de *gourmet*, pero garantiza que los niños no pasan hambre.

Los años de preescolar

Mientras el niño está en la guardería, hasta que empiece la etapa preescolar a los seis años, el coste es una tasa fluctuante con un tope, basada en un porcentaje de nuestros ingresos. Después, esta tasa disminuye porque estará en preescolar durante la mitad del día, que es gratis. (En Finlandia, las enseñanzas primaria y secundaria son también gratis, y la universitaria lo es en la práctica para los finlandeses y los residentes en la Unión Europea.)

Cuando escucho historias de amigos míos con hijos pequeños que viven en países donde no hay guarderías públicas o estas son escasas, no puedo menos que sentirme increíblemente afortunada.

Al igual que mis conocidos de Canadá y de los

Estados Unidos, varios de mis amigos británicos con niños en edad preescolar improvisan un complicado calendario con arreglo al cual hay unos cuantos días laborables a la semana. Y, si es posible, el padre y la madre se quedan el resto del tiempo en casa. O bien contratan a una cara niñera o canguro, a menos que tengan la suerte de contar con amigos o parientes que no vivan demasiado lejos.

En comparación, en un informe de 2016 de indicadores sociales de la OCDE, se observó que las familias canadienses dedicaban el 32,3 por ciento de sus ingresos al cuidado de los niños, mientras que en el Reino Unido una familia con dos sueldos destinaba aproximadamente el 33,8 por ciento de los ingresos a los niños. En el caso de Finlandia, el porcentaje era el 17,1.

Como madre trabajadora, he acabado considerando que las guarderías organizadas y subvencionadas constituyen una cuestión relativa a la igualdad y el bienestar, pues garantiza que las mujeres puedan trabajar y no se vean obligadas a interrumpir su carrera profesional.

Esto también me procura nuevos conocimientos y percepciones sobre por qué Finlandia figura en los puestos más elevados de ciertas encuestas internacionales. En 2014, y por segunda vez, Finlandia fue considerado el mejor país del mundo para ser mamá por el Estado Mundial de las Madres de Save the Children, un informe que clasifica el bienestar de madres e hijos de ciento setenta y ocho países en función de la salud, la nutrición, la educación y el nivel económico y político.

El sistema finlandés de guarderías públicas se creó en parte para que las mujeres pudieran integrar la fuerza laboral y contribuir a la economía del país. No obstante, también tiene que ver con derechos: una de las razones por las que Finlandia figura como pionera en igualdad de género es el hecho de haber sido uno de los primeros países en conceder a las mujeres el derecho a votar y a presentarse a las elecciones, ambas cosas en 1906.

Otro aspecto que cabe destacar es que en Finlandia los niños juegan al aire libre todo el año. Con independencia de si llueve, nieva o hace sol, todos los días de la época de guardería y de preescolar, los niños pasan un rato en el patio de recreo, excepto si las temperaturas descienden por debajo de determinado punto.

En el sistema de guarderías y preescolar, todos los niños cuentan con impermeables, así como con cálidos monos de invierno y gorros, bufandas y guantes.

Esto me parece una buena formación en el sisu, pues se enseña muy pronto a los niños a ser fuertes y salir al exterior como parte de una rutina cotidiana saludable. Me he encontrado con este juicioso enfoque de «salir-afuera-al-margen-del-tiempo-que-haga» en otros países nórdicos, desde Noruega a Islandia. Todos presentan alguna variante del mismo dicho basado en la idea general de que no existe mal tiempo, sino ropa inadecuada.

Muy pronto se enseña a los niños a ser fuertes y salir al exterior como parte de una rutina cotidiana saludable.

En varios países nórdicos existe la tradición de poner a dormir al niño en el cochecito al aire libre, incluso en lo más crudo del invierno. Mientras esté bien abrigado, se cree que el aire frío le es beneficioso. En Finlandia, para muchos el origen de la práctica está en el legendario pediatra finlandés Arvo Ylppö (1887-1992), que alentó este planteamiento en la década de 1920 como medio para contrarrestar la mala calidad del aire dentro de las casas y combatir el raquitismo. En una época en que el índice de mortalidad infantil era mucho mayor que el actual, se pensaba que el aire fresco y el sol (vitamina D) eran de provecho.

Hoy en día no es extraño ver cochecitos con bebés durmiendo la siesta frente a porches o aparcados ante cafeterías o tiendas durante los meses invernales. De hecho, en un estudio de 2011 de la doctoranda Marjo Tourula, se observó que los niños dormían dos veces y media más cuando lo hacían en el exterior.

Este enfoque resiliente del sisu también nos forma como padres. Aprendemos enseguida que, los fines de semana, no hay nada mejor que pasar con el niño una o dos horas en la zona de recreo, el parque o el bosque, donde pueda correr y jugar. Y luego está tranquilo y dispuesto a comer y echar una cabezada.

Nuestro barrio, como casi todos los de Helsinki y otras ciudades finlandesas, está lleno de patios de recreo dotados de los elementos habituales (estructuras para trepar, toboganes, columpios), pero también hay algo menos común: sólidas y grandes cajas de madera llenas de juguetes como cubos y palas, pelotas, camiones y coches. En ciertos barrios, las cajas están abiertas; en otros permanecen cerradas, pero los residentes tienen llave. Mientras están en el patio, los niños pueden utilizar y compartir los juguetes. Lo de compartir cosas parece una buena costumbre, especialmente en una época en la que uno de los problemas graves del planeta es que hay demasiado de todo.

Los años de la escuela

Los niños finlandeses empiezan a ir a la escuela a los siete años, mientras que en el Reino Unido lo hacen a los cinco y en Canadá a los cinco o seis.

El inicio relativamente tardío para los niños finlandeses suele ser motivo de sorpresa, sobre todo para quienes están al corriente de que Finlandia aparece a menudo en los puestos de cabeza en estándares de calidad de la enseñanza.

El sistema educativo finlandés ha suscitado mucho interés en todo el mundo desde los primeros resultados PISA, de 2001, cuando, de entre todos los países de la OCDE, Finlandia fue el que mejores resultados obtuvo en comprensión lectora, matemáticas y ciencia. Aunque desde entonces no siempre ha conservado esta primera posición, sí ha seguido estando cerca. Por lo visto, no pasa una semana sin que se comparta en las redes sociales un artículo positivo de la prensa internacional sobre la educación finlandesa.

Todavía tengo que experimentar de primera mano un año entero en el sistema escolar finlandés, pues mi hijo acaba de empezar el primer curso, pero, por lo visto, la clave de sus éxitos (educativos y de otras clases) se debe en parte al favorable y enriquecedor ambiente de las guarderías y de la etapa preescolar. Ahí se propicia que los niños sean niños, jueguen juntos y duerman la siesta; no se los prepara académicamente de manera agresiva.

Sisu para niños

Muchas de las destrezas que mi hijo ha aprendido en la guardería y en la etapa preescolar inculcan un sentido del sisu práctico, una actitud de no abandonar ni desistir frente a un problema, sea armar un puzle difícil o resolver una discusión con otro niño hablando abiertamente del asunto. En una fase temprana, se fomenta la independencia y la autonomía, algo que puede ser tan simple como llevar tu plato y los cubiertos al carrito de la vajilla sucia después de comer, o ponerte tu propio mono de nieve. Ciertas destrezas creativas HUM, por ejemplo, fabricar un anillo como regalo para el Día de la Madre a partir de un botón desechado y pequeños aretes metálicos sobrantes, promueven una forma de pensar basada en el reciclaje o el *suprarreciclaje* y estimulan una mentalidad que de entrada busca maneras de utilizar artículos usados en vez de tirarlos a la basura y correr a la tienda a comprar algo nuevo.

Durante los años en que nuestro hijo ha estado entre la guardería y la última etapa de preescolar, lo que he observado es un compromiso con la igualdad; es decir, cada niño es tratado como un individuo con un enfoque preventivo de sentido común *in mente*. Esto significa que a los niños, desde muy temprana edad (tres, cuatro o cinco años), y a los padres se les ofrece cualquier recurso o ayuda adicional que puedan necesitar, desde logopedia (útil para muchos niños, incluidos los bilingües o trilingües) a fisioterapia.

Las destrezas que mi hijo ha aprendido en la guardería... inculcan un sentido del sisu práctico, una actitud de no abandonar ni desistir frente a un problema.

Como educador, escritor, erudito, conferenciante internacional y antiguo director general del Ministerio Finlandés de Educación, Pasi Sahlberg escribe lo siguiente en su superventas *Finnish Lessons 2.0*: «En Finlandia, la etapa preescolar no se propone preparar a los niños para la escuela desde el punto de vista académico, sino que el principal objetivo es garantizar que todos los niños son individuos felices y responsables».

Fomentar la felicidad y la responsabilidad en los niños durante el periodo de la guardería contribuye a promover el sisu, pues a continuación empiezan a ir a la escuela con unos fundamentos sólidos que estimulan la independencia y el espíritu de no darse nunca por vencidos.

El nombre del profesor Sahlberg se relaciona en el ámbito internacional con el concepto de educación. Es muy posible que prácticamente cualquier artículo o informe que hable de educación y Finlandia haga referencia a Sahlberg y/o a su extensa obra.

Una lluviosa tarde otoñal de sábado, con las aceras cubiertas de hojas anaranjadas, rojas y amarillas, quedo con Sahlberg en el atrio del Centro Musical de Helsinki. La acristalada y moderna obra maestra alberga la Academia Sibelius, el principal instituto de formación musical del país, amén de las oficinas centrales de la Orquesta Sinfónica de la Radio Finlandesa y la Orquesta Sinfónica de Helsinki.

Con el telón de fondo de una sesión musical de puertas abiertas, pregunto a Sahlberg cómo contribuyeron la educación en la infancia temprana y el sistema preescolar al éxito del sistema educativo finlandés en su conjunto.

«La etapa preescolar suele definirse como el año previo a la escuela, pero en Finlandia es un periodo más largo; en realidad, desde antes del nacimiento hasta que el niño empieza la fase escolar. Y este es un factor cada vez más importante que explica el satisfactorio rendimiento educativo posterior de los alumnos», dice Sahlberg.

Sahlberg esboza tres aspectos cruciales: juego, confianza y salud.

«El planteamiento finlandés es excepcional por el énfasis que pone en el juego libre, no estructurado, centrado en el niño. En nuestra opinión, el juego es importante para crecer, crear identidad y autoestima. También consideramos que los niños necesitan tiempo para eso», señala Sahlberg, cuyo próximo libro versará sobre la importancia del juego en la educación. «Los niños crecerán más sanos y felices si los adultos entendemos que jugar es una parte importante de la enseñanza global en las escuelas.»

«También confiamos en las personas y en los niños mucho más que en otras partes; podemos dejarles jugar con otros chicos en el patio, al aire libre, y limitarnos a pasar el rato por ahí», dice. Esto es posible porque, desde luego, Finlandia es un país relativamente seguro.

«Otro elemento clave es la salud: la salud prenatal, la asistencia sanitaria a las madres y los bebés al nacer. Tenemos unas normas que permiten a los padres, si así lo deciden, quedarse en casa con el niño hasta que este cumple tres años. Como tenemos este enfoque exhaustivo sobre la trascendencia de la infancia, se trata de cuestiones mucho más relacionadas con la salud que con la educación», precisa.

«Los niños cuentan con toda clase de derechos

relativos al aprendizaje, el bienestar y la salud: por ejemplo, en la escuela disponen de quince minutos cada hora durante los cuales suelen salir al exterior», explica. Esto significa que cada periodo de cuarenta y cinco minutos de instrucción lleva aparejada una pausa de quince minutos.

Le formulo la pregunta que oigo a menudo de amigos y conocidos de todo el mundo: ¿cómo es que el sistema educativo finlandés es tan bueno?

«La educación es algo más que sacar buenas notas en lectura, matemáticas o ciencias», afirma.

«La solidez del sistema finlandés se basa en una estrategia nacional en virtud de la cual intentamos ayudar a todo el mundo a prosperar. Prestamos especial atención a los niños procedentes de familias monoparentales, o cuyos padres no hablan finés o están en paro. El conjunto del sistema está diseñado para concentrarse en estos niños y procurarles recursos», explica.

En las clasificaciones internacionales, Finlandia puntúa alto en igualdad. Según un organismo de la UNICEF, Justicia para los Niños: un Índice de Desigualdad sobre el Bienestar Infantil en los Países Ricos, el país ocupa el penúltimo puesto en cuanto a la desigualdad. Además, según el informe de 2017 de Save the Children «Infancias robadas: fin de la infancia», los niños finlandeses disfrutan de la tercera infancia más segura del mundo.

Pregunto a Sahlberg si en Finlandia se enseña sisu a los niños en la escuela.

«En las escuelas finlandesas no se enseña sisu como materia, sino que en muchas de ellas es parte de su cultura. Por mi experiencia, en Finlandia a los niños se les explica muy pronto que han de terminar lo que empiezan por muy difícil que sea la tarea en cuestión. Creo que nuestras escuelas se centran en la resiliencia y la perseverancia, en lo referente tanto a la enseñanza como al aprendizaje; seguramente valoramos las experiencias de aprendizaje más complejas y sin desarrollo preestablecido que acompañan al espíritu del sisu. También me parece que el aspecto clave de las escuelas finlandesas a la hora de enseñar a los niños a asumir la responsabilidad de las propias acciones y el aprendizaje temprano es un importante factor para madurar con los valores del sisu», explica. «Según algunos, esta vieja mentalidad va actualmente a la baja en Finlandia entre los jóvenes. Si esto es cierto, quizás enseñar el sisu de manera más directa no sería ni mucho menos una mala idea.»

Otro aspecto que distingue a Finlandia es que todos los profesores de enseñanza primaria son licenciados.

«Desde finales de la década de los setenta, tenemos una educación académica, basada en la investigación, para todos los profesores, incluidos los de preescolar. La totalidad de los docentes de las escuelas primarias, secundarias, secundarias de ciclo superior y de formación profesional han obtenido un título superior. En ningún otro país pasa lo mismo», aclara.

El oficio es muy respetado y goza de gran popularidad; en ciertas zonas del país, son aceptados menos del diez por ciento de los solicitantes de la carrera de cinco años que te convierte en profesor.

Los profesores disfrutan de gran independencia y gozan de la confianza necesaria para realizar su cometido de la manera que juzguen más conveniente. Las pruebas estandarizadas y las inspecciones gubernamentales no forman parte del modelo.

«Un sello distintivo del conjunto de la sociedad finlandesa es cierta cultura de la confianza, que en la educación es algo especialmente significativo. Nuestro sistema cuenta con una amplia y destacada profesionalidad, y el lujo de una cultura en el seno de la cual el sistema educativo se basa en la confianza», indica Sahlberg.

Asimismo subraya la cultura finlandesa de la confianza..., no solo en la educación. Según dicha cultura, si confías en que alguien hará algo, este lo hará mucho mejor que si transmites una sensación de desconfianza al respecto y si, además, hay montones de controles y regulaciones.

Mientras charlamos, le pregunto a Sahlberg si a su entender existe algún elemento de este sisu especial de resiliencia finlandesa en este giro radical del sistema escolar del país, que hace medio siglo era calificado, en el mejor de los casos, de mediocre.

«Desde luego —contesta—. Pero debo hacer una advertencia: los finlandeses son competentes a la hora de crear cosas nuevas y generar ideas nuevas, pero esto sucede sobre todo cuando se encuentran entre la espada y la pared.

»Este sistema educativo fue diseñado en la década de los sesenta, una época en que en el Parlamento había cierto consenso respecto al hecho de que el país no tenía nada salvo sus mentes; prácticamente todos estuvieron de acuerdo en que debíamos encontrar la forma de sacar el máximo partido de nuestro capital humano. Después se discutió cómo tenía que ser el sistema escolar. La mayoría de la gente coincidía en que el sistema que teníamos no serviría: si seguíamos por ese camino, segregaríamos y dividiríamos el país, lo menos deseable de todo», explica Sahlberg.

«Para mí, el sisu está en la creación de un sistema educativo diferente de los de Suecia, Estados Unidos, Inglaterra y otros países adictos a las reformas y a cambiar cosas continuamente. Nosotros no lo vemos igual. Pensamos que has de tener una idea y luego ponerla en práctica. Es aquí donde el sisu entra en escena: no desistimos, no dejamos de empujar. Cuando vienen tiempos difíciles (y este es el encanto de Finlandia), cuando las cosas se complican, muchos países aprietan el puño para tener un mayor control. Los finlandeses se sueltan. Comprenden que el sisu no resulta de resistir más, sino de dejar que la gente decida qué hacer a continuación», señala.

«Si hay que recalcar un aspecto general de la historia de la educación finlandesa, es el descubrimiento de una manera más ingeniosa de hacer las cosas.

En Finlandia esto lo entendemos muy bien..., no solo en las escuelas, sino también en la vida laboral: disfrutamos de vacaciones largas, no trabajamos los fines de semana y hacemos una pausa para almorzar. Es conveniente encontrar el equilibrio», dice.

Me parece que este equilibrio es un buen sistema para mantener el sisu atendiendo al bienestar general.

Comprenden que el sisu no resulta de resistir más, sino de dejar que la gente decida qué hacer a continuación.

Sería una ingenuidad decir que en la educación finlandesa todo va sobre ruedas. No es así. Al igual que en muchos países, hay numerosos problemas que afectan a los niños, desde potenciales recortes económicos hasta el acoso escolar o la violencia. También preocupa que los chavales pasen demasiado tiempo conectados a Internet, tengan una comprensión lectora cada vez menor, no estén lo bastante activos o no sigan una dieta sana, lo cual parece guardar correspondencia con muchas de las preocupaciones de padres y educadores de otros países.

Para fomentar la actividad física, las recientes directrices educativas del Gobierno finlandés incluyen la siguiente recomendación: «Un niño de menos de ocho años debe dedicar cada día al menos tres horas al ejercicio. Este ha de consistir en actividad física ligera, ejercicio dinámico al aire libre y esfuerzo corporal más vigoroso».

Los consejos también subrayan la importancia de descansar y dormir lo suficiente, así como de la alimentación saludable.

Quedo con Sanna Jahkola, la guía que conocí en Laponia. Resulta que, además de estudiar para profesora, participa en actividades educativas al aire libre de Escuelas Finlandesas en Marcha, un programa nacional concebido para promover la cultura físicamente activa en los institutos de segunda enseñanza, es decir, en los niños de edades comprendidas entre los siete y los dieciséis años.

Tengo curiosidad por conocer la sintonía entre las normas gubernamentales y alguien con experiencia en el terreno.

«El nuevo plan de estudios escolar es genial, pues se hace mucho hincapié en diferentes entornos de aprendizaje, como la naturaleza; no todo se hace en el aula. Puede haber un patio de recreo, una ribera, una playa o un parque urbano, no necesariamente un bosque», explica Jahkola, que está redactando su tesis doctoral sobre el aprendizaje al aire libre.

«Para los niños, se trata de un ambiente totalmente distinto, en el que hay más margen y espacio. Sabemos que nos sentimos mejor al aire libre y que los niños desarrollan habilidades motoras tanto finas como gruesas cuando se mueven por superficies irregulares, como el suelo del bosque», dice Jahkola. Y añade que los niños que caminan mucho por la naturaleza suelen estar en mejor forma física que quienes no lo hacen. «Esto también se pone de manifiesto en sus otras actividades y aficiones; por ejemplo, para desplazarse prefieren andar o ir en bicicleta a que los lleven en coche», señala Jahkola.

La vida al aire libre contribuye con gran eficacia a potenciar tres conjuntos de actividades, dice. El aprendizaje mediante la práctica (por ejemplo, identificar y clasificar distintos tipos de árboles) fortalece las destrezas cognitivas. El movimiento (sea andar de un sitio a otro o hacer lo necesario para entrar en calor durante los meses fríos) anima a los niños a estar activos; por otra parte, mientras están al aire libre, los niños desarrollan la relación con la naturaleza y su respeto por ella.

«Aquí experimentamos la naturaleza como algo que fortalece y tranquiliza, pero no es el caso de todos; en ciertas culturas, la gente tiene miedo de salir al exterior», señala.

En Finlandia, un rasgo destacado parece ser la falta de miedo. Los niños pequeños, de siete u ocho años, caminan, montan en bici o cogen el transporte escolar por su cuenta, en todo el país y también en la capital, una ciudad relativamente segura. El movimiento físico de los niños contrasta bastante con la manera en que van a la escuela los hijos de mis amigos en muchas ciudades de Norteamérica: en coche, aunque se trate de recorridos cortos.

Me encuentro con el Informe de Niños Sanos Activos Canadá 2014, titulado «¿Está Canadá en forma? Comparación de Canadá con otros catorce países en cuanto a actividad física de los niños y jóvenes», en el que se observa que a los niños finlandeses se les anima a ser trabajadores pendulares activos. En Finlandia, el setenta y cuatro por ciento de los niños van andando o en bici a la escuela si el trayecto oscila entre uno y tres kilómetros. También se indica que casi todos los niños que viven a un kilómetro o menos de la escuela van y vienen haciendo ejercicio.

El mismo informe señalaba que, en Canadá, al sesenta y dos por ciento de los niños de edades comprendidas entre los cinco y los diecisiete años los llevan a la escuela en coche.

Hay problemas en función del país, por supuesto, desde cuestiones importantes relativas a la seguridad en distancias largas, que obligan al uso del coche como medio de transporte. No obstante, en los lugares donde es una opción viable, alentar a los niños a caminar o ir en bicicleta (con cuidado) a la escuela fomenta su independencia, un elemento esencial del sisu en los más pequeños.

Sisu para niños

«Jugar al aire libre de forma no estructurada, tanto si llueve como si hace sol. El tiempo no puede ser una excusa.»

Pasi Sahlberg, experta en educación

- *Estimula la conexión con la naturaleza, un lugar fantástico para aprender sobre protección del medio ambiente, animales, insectos, plantas, árboles y flores.*
- *Deja a los niños trepar, saltar y correr al aire libre.*
- *Juega con los niños sobre un montón de hojas otoñales, y dad paseos nocturnos provistos de linternas.*
- *En vez de comprar juegos y juguetes en la tienda, deja que los niños construyan los suyos a partir de cajas de cereales u otros objetos destinados al contenedor de reciclaje o a la basura.*
- *El juego ayuda a desarrollar una gran variedad de habilidades, desde la creatividad al cálculo.*
- *Fomenta un ambiente de apoyo para que no se desista si algo no funciona enseguida; algunas de las mayores alegrías derivan de superar desafíos, no de tomar el camino fácil.*

Pedalear hacia la felicidad (y la salud)

Una fría mañana de primavera voy montada en bicicleta más allá del puerto norte de Helsinki, donde están fondeados varios imponentes barcos de vela de madera. Voy camino de mi mesa de trabajo cuando oigo un ruido suave que suena a campanillas de viento.

Es bastante temprano, más o menos las seis y media. Frente al telón de fondo del sol naciente, el cielo está veteado de color. No hay mucho tráfico, solo algunas personas paseando al perro y algunos compañeros ciclistas, presumiblemente yendo a trabajar.

Hipnotizada por el sonido, aminoro el ritmo para investigar. De pronto me doy cuenta de que la melodía procede del agua, pues pequeñas olas transportan finas láminas de hielo que chocan entre sí, lo que produce un sonido mágico.

Algunos transeúntes se paran y escuchan un momento, se sonríen unos a otros y prosiguen su camino sin decir una palabra.

~

Estos instantes de naturaleza en un escenario urbano han llegado a ser para mí cada vez más habituales. Diarios, de hecho. Pues además de mis chapuzones marinos, siempre que es posible decido ir en bicicleta por rutas que serpentean por el frente marítimo y cruzan los bosques y parques de la ciudad.

Mis paseos en bici no solo me revitalizan y me alimentan, sino que gracias a ellos aprendo a prestar atención a lo que veo a lo largo del trayecto, gracias a que no voy montada en un coche o un autobús. Esta perspectiva me procura un enfoque nuevo y es una fuente de asombro (a veces me paro a tomar una fotografía de la luz, de las hojas o de la nieve) mientras noto cierta sensación de gratitud: la alegría de un día soleado es mucho mayor cuando es algo que no ocurre cada día.

Aprendo a prestar atención a lo que veo.

Como voy en bicicleta a diario, experimento de primera mano los cambios de la naturaleza en cada una de las cuatro estaciones. Me maravillo ante mil detalles como nunca antes había hecho: cómo las formaciones de hielo en la orilla del mar cambian en función de si la costa es rocosa o arenosa; cómo la nieve puede ser un fastidio húmedo y medio derretido o una fuente de asombrosa belleza; me quedo pasmada ante los primeros copos de la temporada. Recuerdo la respuesta del profesor Hannu Rintamäki cuando le pregunté si le gustaba el frío:

«Cada año, el invierno y su hielo puro y limpio son elementos de interés siempre cambiantes».

De hecho, algo que en los primeros años no entendía era por qué, en cuanto salía el sol, todo el mundo se dirigía al exterior a maximizar la experiencia.

La espectacular luz nórdica ha acabado siendo para mí un motivo de inspiración, pues de ser un bien valiosísimo durante los oscuros meses invernales pasa a ser una inagotable fuente de iluminación en pleno verano.

Mi relación con el tiempo frío también cambia. El invierno deja de ser un inconveniente, que es en buena medida como lo consideraba años atrás, cuando cambié el clima suave de Vancouver por el más frío de Toronto, donde, en el primer invierno, llevaba puestos dos abrigos, uno encima del otro.

Incluso montar en bici en un día oscuro, húmedo y triste puede ser un ejercicio potenciador del sisu: sí, puedo hacerlo. No voy a dejar la bicicleta en casa solo porque el clima no sea el ideal. Me lo planteo igual que un niño pequeño que se calza ilusionado sus botas de lluvia para disfrutar luego saltando en los charcos. Sé que si voy en bicicleta me sentiré mucho mejor, más feliz y activa: este subidón de adrenalina y esta ráfaga de aire tonificante me acompañarán durante todo el día. Mi cerebro también se ve estimulado por el movimiento y el aire fresco, algo que ni el café más fuerte es capaz de superar. Los elementos de la naturaleza me infunden vigor.

Sisu en bicicleta

Al principio, en mi primer empleo, aprendo lecciones de sentido práctico nórdico (y de sisu) observando a mis colegas. Advierto que muchos de los que van en bici todo el año tienen en común una fortaleza y una energía positiva peculiares.

Algunos recorren a diario dieciocho kilómetros entre ida y vuelta. Sin embargo, muy pocos se quejan del trayecto o de las condiciones meteorológicas. En vez de ello, intercambian historias de coraje y útiles consejos como este: para ir en bicicleta bajo aguanieve es mejor llevar gafas de esquiar o de nadar para tener una buena visibilidad. También cuentan anécdotas divertidas, llenas de imágenes de vida salvaje si el recorrido atraviesa un bosque, por ejemplo.

Muchos se valen de un sistema funcional para llevar la ropa, en un cesto o una mochila; en el trabajo guardan una toalla y un neceser en una taquilla para poder refrescarse y cambiarse antes de iniciar la jornada laboral. Al parecer, prácticamente todo el mundo dispone de un equipo adecuado para ir en bicicleta (o andando e incluso esquiando) al trabajo con independencia de si el tiempo es bueno o malo, algo que yo no tenía en mi anterior existencia urbana. Sin embargo, poco a poco, siguiendo su ejemplo y por pura necesidad, compongo un kit de lo más práctico. Para montar en bici a menos diez grados hacen falta elementos esenciales, como un gorro grueso bajo el casco, guantes y calzado apropiados, así como una chaqueta y unos pantalones impermeables y con un buen aislamiento térmico.

Subo de categoría y sustituyo mi Jopo de época por una Aino Helkama de segunda mano, una sólida bicicleta negra y urbana inspirada en un diseño de la década de 1920. Más adelante derrocho en una versión nueva de la misma bici, con siete marchas, que conservo desde hace años y que no tengo intención alguna de reemplazar. No solo es útil para recorrer la ciudad en verano, sino que resulta valiosísima en los meses invernales, cuando ciertas zonas de Helsinki están cubiertas de resbaladizas placas de hielo: una bicicleta ligeramente más pesada y dotada de neumáticos tachonados proporciona más estabilidad que si vas andando, pues las ruedas se agarran mejor a la calzada.

Mi bicicleta también simboliza el sentido práctico de los nórdicos. No es ostentosa ni tiene cientos de marchas. Sin embargo, resulta fiable, está bien hecha y es perfectamente adecuada para ir de A a B. Su adquisición también simboliza parte de mi proceso de simplificación: invierto en una bicicleta de buena calidad tan duradera que no tendré que comprar una nueva cada pocos años porque la vieja esté hecha polvo.

Con el tiempo, cada vez soy más capaz de adivinar quién ha ido a trabajar andando o en bici a una oficina o a una sala de redacción, pues es alguien ligeramente más vigoroso y alegre, sobre todo en los oscuros meses invernales, que en algunos pueden provocar lo que se conoce como trastorno afectivo estacional (SAD, por sus siglas en inglés), o en general hacer que la gente se sienta más bien alicaída.

Como pasa con mis chapuzones diarios en el mar, esta actividad de creación de sisu acaba siendo un hábito. Se trata de una inversión en bienestar. Me despierto y, mientras voy en bicicleta a trabajar, me empieza a fluir la sangre. Se pone en marcha el cerebro y se me ocurren ideas. Al final del día, he eliminado el estrés gracias a los pedales.

Además de mantener mi bienestar, consigo un montón de beneficios indirectos para mi salud. Subir cuestas me ayuda a mantener en relativamente buena forma los muslos y las pantorrillas, y supone algo de entrenamiento aeróbico. Si no hago ninguna otra clase de ejercicio, con ello ya contabilizo cierta actividad física: fácilmente hasta una hora al día si para ir al trabajo pedaleo media hora de ida y otra media de vuelta.

Ir en bicicleta cada día implica que puedo tomar postre: en un punto determinado, el planificador *online* de transporte público tenía una opción que te decía cuántos trozos de chocolate podías comerte si hacías tu trayecto en bici en vez de tomar el tranvía, el tren o el autobús.

Cada vez hay más investigaciones sobre la salud y otros beneficios derivados de ir en bicicleta de manera habitual. Según un estudio sueco publicado en 2016 en *Journal of the American Heart Association*, por ejemplo, ir y volver del trabajo en bici reducía el riesgo de presión arterial elevada, obesidad, colesterol alto y diabetes, y según otro (danés y también de 2016), montar en bicicleta una hora a la semana disminuía las posibilidades de enfermedad cardiaca.

Las ventajas de las dos ruedas

Mi nueva definición nórdica de lujo incluye la no necesidad de tener coche y librarte de los costes relacionados con su mantenimiento, el combustible, el aparcamiento y el seguro. Es un planteamiento relativamente normal en los países nórdicos y en muchas otras partes de Europa, pero para alguien que ha crecido en una cultura centrada en el coche, supone un cambio de mentalidad.

Ni nueva definición nórdica de lujo incluye la no necesidad de tener coche.

No tengo nada contra los coches y no me considero una activista de la bicicleta, pero me parece que ir en bici es una forma muy sencilla de hacer frente a muchas de las preocupaciones del mundo actual, desde los atascos de tráfico hasta la contaminación, pasando por los problemas médicos derivados del estilo de vida sedentario.

Uno de los mejores resúmenes que me he encontrado sobre los beneficios de pedalear apareció hace unos años en la revista del Instituto de Copenhague para el Escenario de Estudios Futuros. En un artículo de portada titulado «La bicicleta, el futuro medio de transporte», la publicación enumeraba las numerosas ventajas del humilde artilugio de dos ruedas con respecto a otras formas de transporte:

«La bicicleta es extraordinariamente adecuada para un mundo futuro caracterizado por el cambio climático, la escasez del petróleo, la epidemia de obesidad y una creciente presión demográfica, sobre todo en las ciudades. Se trata de un medio de transporte simple, fácil de construir y reparar, que no contamina ni ocupa mucho espacio en entornos urbanos densos. Además, la bicicleta es independiente de las fuentes de energía fósil y nuclear, y proporciona ejercicio físico a una población que se mueve muy poco y come demasiado. Por último, es fantástica para trasladar cantidades pequeñas de mercancías a lo largo de trayectos cortos», escribe el futurista danés Klaus Æ. Mogensen.

En Europa, es sabido que Holanda es uno de los países del mundo más expertos en el asunto de la bicicleta. En los países nórdicos, Copenhague, la capital danesa, presume de tener más bicicletas que coches, hito que se alcanzó en 2016. De hecho, en la dinámica serie política *Borgen* aparecen muchos de sus principales personajes, entre ellos políticos y periodistas, recorriendo la ciudad en bici durante todo el año.

En Helsinki, el objetivo de la ciudad es incrementar, para 2020, el número de viajes en bicicleta hasta que supongan el quince por ciento del total. La cifra actual gira en torno al diez por ciento, un número relativamente bueno teniendo en cuenta el contexto internacional, dice Niklas Aalto-Setälä, un joven de mejillas sonrosadas y veintitantos años que es coordinador del programa ciclista de la ciudad.

«Según Copenhagenize (consultoría de planificación urbana especializada en tráfico y cultura de la bicicleta), estamos entre las veinte ciudades más ciclistas del mundo», explica.

La capital finlandesa tenía un plan ambicioso, consistente en contar, en 2015, con el centro urbano casi (aunque no totalmente) libre de coches mediante la iniciativa de movilidad-a-la-carta que debía integrar todas las formas de transporte público y compartido en una sola red. En el plan se daba gran importancia a fomentar entre la gente la actividad de caminar e ir en bicicleta.

Aunque reducir las emisiones debidas al tráfico es un objetivo, también entra en escena otro factor trascendental para la salud.

Según el Ayuntamiento de Helsinki, en un informe de los costes y beneficios del uso de la bicicleta hecho público en 2013, se observó que una inversión anual de veinte millones de euros tendría una relación coste-beneficio de casi 1:8, lo cual significa que una inversión de un euro genera beneficios por valor de ocho euros.

Pido a Aalto Setälä que se extienda acerca de estos beneficios.

«Se ha demostrado que ir en bicicleta tiene ventajas para la salud. Si conseguimos que la gente esté más activa y pedalee en vez de conducir un coche o ir sentada en el autobús, nos ahorramos un montón de costes de asistencia sanitaria», señala Aalto-Setälä. «También sabemos que, siempre que hacemos ejercicio físico, la actividad cerebral aumenta.»

Se ha demostrado que ir en bicicleta tiene ventajas para la salud.

«Montar en bicicleta reduce el riesgo de enfermedad cardiovascular y depresión, por ejemplo. Si la gente va menos al médico, esto permite disminuir la dotación presupuestaria correspondiente. Además, la cifra exacta es 7,8: un euro de inversión produce un ahorro de 7,8 euros, lo que parece mucho, y efectivamente lo es con respecto a cualquier proyecto de infraestructura. Pero si analizamos los números del Reino Unido, por ejemplo, observamos una relación coste-beneficio similar, de hasta 1:14», explica.

«Si construimos nuevos tramos de carril-bici en el centro urbano, permitimos ahorrar tiempo a muchas personas, pues para ir de A a B se va más deprisa. El tiempo cuesta dinero, desde luego. Existen también beneficios medioambientales, si bien no son tan palpables», señala.

«Nuestra filosofía, inspirada en los daneses y en los holandeses, los mejores del mundo si hablamos de ir en bicicleta, es que si un niño de siete años puede ir en bici por su cuenta desde el lugar A al lugar B, ello significa que es algo seguro para todos. Así pues, la infraestructura es buena, y cualquiera (incluidos los niños de ocho años) puede desplazarse en bicicleta», dice.

Bicicletas en el hielo

Según las encuestas, montar en bicicleta es la segunda forma de ejercicio físico más popular en Finlandia; la primera es andar.

En muchas ciudades y comunidades finlandesas hay una sólida cultura de ir en bici en invierno, acompañada de la estimulante actitud de que pedalear en condiciones árticas no es para tanto. En mis viajes, sobre todo al norte, he visto a personas de todas las edades, desde niños pequeños a octogenarios, pedalear con toda confianza por calles nevadas.

La bicicleta «abuela» (*mummopyörä* en finés), una sencilla bici tradicional de mujer, sin marchas, que puede montar cualquiera, es muy popular entre personas de todas las edades, en parte porque, en condiciones meteorológicas extremas, es sorprendentemente recia.

En el mismo viaje a Oulu en el que conocí al profesor Hannu Rintamäki, experto en el frío, conocí también a Timo Perälä, figura clave en la organización del primer Congreso Mundial de Ciclismo en Invierno, que se celebró en Oulu en 2013.

Pregunto a Perälä, cuya biografía de Twitter incluye el título de «ingeniero de bienestar urbano», por qué se aficionó a la bicicleta.

«En Oulu nadie se considera ciclista: ¡yo no soy

ciclista! Esto es solo una manera normal de moverse por ahí», responde.

Su interés profesional en este campo surgió a principios de siglo, cuando estaba estudiando ingeniería civil. En sus viajes advirtió algo curioso: en muchas partes del mundo, el uso de la bicicleta como medio de transporte no era habitual en la vida cotidiana.

Así que decidió especializarse en la materia. En la actualidad, es el director ejecutivo de Navico, oficina de ingeniería municipal que trabaja con los sectores público y privado en iniciativas comunitarias y que supervisa asimismo el mantenimiento de los carriles-bici y determina qué clase de servicios deben ofrecerse a la gente para estimular el uso de la bicicleta todo el año.

«El interés por el ciclismo invernal está aumentando continuamente en ciudades de todo el mundo», explica Perälä, que también ejerce la labor de coordinador de ciclismo en la ciudad de Oulu, donde el invierno dura ocho meses y donde entre el veintidós y el veintisiete por ciento de los ciclistas pedalean todo el año. Por esta razón, el noventa y ocho por ciento de la amplia red de carriles de seiscientos trece kilómetros goza de un mantenimiento permanente y todos los itinerarios están siempre iluminados.

Mientras busco comparaciones internacionales entre culturas de ciclismo invernal, me encuentro con un artículo de 2016 en el *Guardian* escrito por Anders Swanson, activista del ciclismo, consultor y diseñador. Swanson, amigo y colega de Perälä, revisa las culturas de ciclismo invernal en distintas partes del mundo, tarea nada fácil, según explica, pues en algunas encuestas no están incluidos los ciclistas de menos de dieciocho años.

En cualquier caso, tras comparar números, llega a la conclusión de que, si Oulu estuviera en Norteamérica, sería la ciudad más favorable del continente para la bicicleta en función solo de su porcentaje de ciclismo de invierno, aunque tuviéramos en cuenta datos estadísticos de ciclismo estival en lugares como Portland o Minneapolis, por ejemplo.

Según Swanson, en Oulu, el treinta por ciento de los niños van en bici a la escuela durante todo el año.

Le pregunto a Perälä por qué Oulu funciona tan bien como ciudad de ciclismo invernal.

Responde que, en parte, se debe a que, ya en la década de los sesenta, los poderes establecidos rechazaron un modelo centrado en el coche.

«Los planificadores urbanos cayeron en la cuenta de que Oulu necesitaba rutas para caminar e ir en bicicleta», precisa.

«En las ciudades donde el uso de la bici ha tenido éxito, uno puede ir a cualquier sitio directamente, mientras que en coche hay que dar rodeos y hacer un recorrido más largo. Por ejemplo, cuando en Oulu se construyen barrios residenciales nuevos, se proyectan más carriles-bici y rutas para andar que carreteras. Hay también muchos parques y zonas verdes, por lo que si sales de la periferia de la ciudad, el sendero ciclista te lleva junto al agua y a través de parques hasta el mismo centro urbano. Es una ruta agradable y de lo más práctica: ha de serlo, si no, la gente no la utilizaría», señala Perälä.

«En muchos lugares, la planificación urbana no permite, ni estimula, el uso de la bici, ni siquiera la opción de andar, para ir de A a B. No obstante, parece apreciarse en todo el mundo un creciente interés y un esfuerzo por ir cambiando la situación.»

«El planteamiento extremo (prohibir los coches) no funciona. El coche va bien para muchas cosas. La mejor estrategia pasa por la positividad; no todos los coches son malos, pero la bicicleta tiene muchos beneficios medioambientales y para la salud», dice Perälä, quien añade que, según diversas investigaciones, aproximadamente el uno por ciento de los seres humanos cambiarán sus costumbres por el bien del planeta y para tener mejor salud, a menos que sufran un ataque cardíaco o alguna otra enfermedad que precipite el cambio.

«Todo tiene que ver con la facilidad. Si el coche es la opción más fácil, es muy probable que sea la escogida por la gente», señala Perälä, que también subraya el carácter inclusivo y el acceso para todo el mundo cuando se trata de crear la infraestructura ciclista. «Hagas lo que hagas, debes conseguir que los niños y los ancianos puedan utilizarla: esto ha de ser el patrón de referencia para el mantenimiento; de lo contrario, será solo para grandes multitudes», indica.

Perälä, padre de una niña de cinco años, va en bicicleta con su hija todo el año y crea y cuelga vídeos en Internet para demostrar lo fácil que es pedalear en la nieve, incluso a temperaturas por debajo de veinte grados bajo cero.

«Mi propia hija va siempre en bici desde los dos años. Con ella quizá tardo el doble en recorrer un trayecto, pero creo que es un tiempo bien empleado, pues vamos charlando y resulta muy agradable. Es muy seguro, por supuesto: hay pocos cruces y cuestas (en cambio, muchos pasos elevados y subterráneos)», dice.

Este es un buen ejemplo de inculcación de un sentido del sisu práctico en un niño pequeño mientras se pasan buenos momentos con él al aire libre, haciendo ejercicio y fomentando cierta libertad e independencia.

Uno de los episodios de los que más me enorgullezco como mamá es aquel en que mi hijo, sin que yo le incitara a ello, me preguntó si podía ponerle a su bici neumáticos de invierno para poder montar en ella todo el año.

Ejercicio para todos

Ir en bicicleta es también una buena manera de hacer ejercicio ocasional.

«A muchas personas —dice Perälä—, les falta lo básico, que en muchos aspectos es lo más importante. Por ejemplo, si estás entrenándote para disputar un triatlón, necesitas mantener un nivel básico de resistencia: caminar y pedalear va de maravilla. Y el sistema más fácil, naturalmente, es la actividad cotidiana, el ejercicio ocasional, que se realiza sin grandes esfuerzos ni fastidios adicionales. Ciertas enfermedades, como la diabetes tipo 2, tienen ahora más incidencia, y es nuestro estilo de vida sedentario (así como los padres que creen necesario llevar en coche a los niños de un sitio a otro) lo que transmite a los pequeños unos hábitos de vida menos dinámicos.»

«Conviene que la gente practique algún deporte y se dedique a otras actividades, pero el ejercicio físico ha sido externalizado y ha pasado a ser algo que compras y de lo que se encarga otra persona», añade Perälä.

Le pregunto cómo se puede animar a la gente a estar más activa.

«Poco a poco, y tratando de establecer una rutina —dice—. Si conduces, quizá puedas aparcar el coche algo más lejos y luego caminar. No empieces cuando está cayendo aguanieve y has de recorrer veinte kilómetros.»

Perälä ha puesto en marcha varias iniciativas, entre ellas el *Lähirähinä*, que significa más o menos «bueno para el barrio». Su objetivo es animar a los niños y a los padres a participar en diferentes actividades deportivas en su comunidad. «Comenzó a preocuparme muchísimo que los padres acompañaran en coche a los hijos a sus deportes y pasatiempos, y luego se sentaran a teclear en el móvil mientras los chavales jugaban. Luego se montaban todos en el coche, volvían a casa, y este era todo el tiempo que pasaban "juntos"», señala Perälä.

«El ritmo de la vida moderna es frenético; un coche es de gran ayuda, pero invade demasiado la vida. Además, es preocupante la cantidad de tiempo que los niños dedican a las pantallas; podemos utilizar la tecnología para ayudar al movimiento y fomentar actividades grupales; por ejemplo, participar en juegos al aire libre utilizando paredes y suelos digitalmente interactivos que animen a la gente a moverse. Así pues, muchos de los problemas los creamos nosotros mismos», señala, haciéndose eco de algo en lo que estoy totalmente de acuerdo.

Junto con las ventajas que, para la salud y el entorno, tiene la bicicleta con respecto al coche, mi amiga Tiina ve otro aspecto positivo.

«Creo que cuando las personas pasan mucho tiempo dentro del coche, están separadas de la sociedad, la humanidad y el mundo», dice Tiina, para quien el transporte público también es una manera de permanecer en contacto con la realidad.

«Claro, si te sientas en un tranvía o un autobús, de vez en cuando quizás haya un borracho o alguien muy desagradable, pero estás participando en el mundo igual que cuando vas en bicicleta. Ves a gente y experimentas el entorno. No estás dentro de una caja metálica aislada», dice Tiina, que va en bici todo el año.

Aproximadamente una vez cada dos semanas, utiliza el coche familiar que comparte con su esposo para hacer varios recados de una sola vez o acercarse a la casita del campo.

Ir en bici contiene un elemento social, pues entonces formo parte del paisaje. Saludo a amigos y vecinos, e incluso, si tengo tiempo, me detengo a charlar con alguno de ellos.

Nuestra amiga Riikka tiene en común con nosotros el entusiasmo y la adicción a montar en bici, sobre todo durante los meses invernales.

«Ir en bici en invierno es como esquiar o hacer alguna clase de ejercicio práctico, una vez que estás enganchado, cuesta volver al transporte público», explica Riikka. Aunque su familia tiene coche, ella prefiere la bicicleta, con la que le resulta mucho más fácil y rápido desplazarse a su lugar de trabajo, situado aproximadamente a dos kilómetros y medio.

«La gente me pregunta si paso frío cuando monto en bicicleta en invierno, pero la verdad es que no, puesto que me muevo más que si estuviera de pie esperando el tranvía», explica. «Si llevas ropa cómoda y práctica, como pantalones impermeables y abrigo y guantes apropiados, la verdad es que es muy fácil. Aunque acaso no sea muy femenino», añade.

Que conste que he visto a Riikka montada en bici en invierno con falda y mallas de lana, y estaba muy elegante.

De hecho, el estilo de vida ligado a ir en bicicleta fue en parte una de las cosas que impulsaron a Riikka y a su familia a vender su casa de campo y optar por un apartamento más pequeño y céntrico.

«Cuando vivíamos en el campo, en una casa grande, pese a que la idea era estar cerca de la naturaleza, al final utilizábamos mucho el coche. El hecho es que conducía continuamente y no iba en bici a ningún sitio porque las distancias eran largas: solo el supermercado ya estaba a ocho kilómetros», precisa.

«Lo cierto es que quería regresar a la ciudad a vivir de una manera más funcional. Y tras la mudanza, me volví mucho más activa.»

La alegría de ir en bicicleta

Aparte de las ventajas de la bicicleta para la salud, una de mis principales razones para usarla es muy sencilla: me hace feliz.

Con los años he leído varios libros que exploran diversas emociones humanas: desde *Objetivo felicidad,* de Gretchen Rubin, a *El demonio de la depresión: atlas de la enfermedad*, de Andrew Solomon. También hago yoga, que me encanta, y he probado la meditación, que debo reconocer que no es lo mío.

Por lo visto, encuentro mi paz interior gracias al movimiento y la lectura.

Después de representar gráficamente mi propia búsqueda para sentirme mejor y de observar las numerosas maneras en que la gente intenta alcanzar la felicidad, mi conclusión es que muchísimas personas encuentran alegría en un estilo de vida relativamente simple, sano y equilibrado, todo ello sumado a la presencia de varios amigos y familiares de apoyo y a un sentido de propósito, sea a través de labores o actividades satisfactorias que les hagan sentirse útiles y parte de una comunidad.

No soy filósofa y sería un desatino por mi parte decir que he descifrado la clave de la felicidad, pues esta significa cosas distintas según sea el caso. Además, personas muy competentes que llevan años estudiando el tema han escrito libros y libros sobre ello.

En el Informe sobre la Felicidad Mundial (donde aparecen puntuaciones promedio de felicidad entre los años 2014 y 2016 correspondientes a ciento cincuenta y cinco países), hecho público en 2017, Finlandia ocupaba el quinto lugar, por detrás de los vecinos nórdicos Noruega, Dinamarca e Islandia. El cuarto país era Suiza.

Entre los parámetros utilizados estaban el acceso a redes de apoyo social de alta calidad, los años sanos de esperanza de vida o la libertad para tomar decisiones vitales, por ejemplo.

Ahora bien, si llegas a Helsinki en mitad del invierno y tomas un tranvía con un grupo de finlandeses de rostro impasible, quizá te preguntes en qué demonios se basaba la clasificación.

Si quisiera generalizar, diría que al principio los finlandeses pueden parecer reservados, mostrar una timidez que acaso incluso se malinterprete y se confunda con grosería (sobre todo en regiones donde no existe la cultura de mantener conversaciones triviales con personas que no conoces); en realidad, esta contención tiene que ver con el respeto al espacio del otro.

En cuanto se ha roto el hielo, lo cual no es muy difícil, he observado que la mayoría de los finlandeses son increíblemente cariñosos, atentos y amables.

La primera vez que fui a Finlandia, pregunté a una colega por qué los finlandeses casi no sonreían. Ella lo pensó unos instantes y luego dijo: «Sonríen para sus adentros».

De entrada no entendí la respuesta. Sin embargo, con el tiempo he acabado interpretando la calma y la introversión como una norma o característica que también he advertido en otros países del norte de Europa. Aquí, ir por la calle sonriendo y diciendo a los demás que te encuentras de fábula y que las cosas te van maravillosamente bien simplemente no se hace. Pero tiene un lado positivo: desde el punto de vista social, mostrarse taciturno es aceptable.

Esto significa que hay menos presión para parecer feliz. Los adorables *mumins* de Tove Jansson adoptan un tono bajo melancólico; de vez en cuando lloran a moco tendido y aceptan los altibajos de la vida como parte del paquete, y no pasa nada.

Aquí soy aceptada cuando, a veces, estoy triste.

Felicidad gracias a la vida, no a la búsqueda

También he notado que, como me he centrado en encontrar significado en la naturaleza, la actividad física, la familia, los amigos, el aprendizaje y el trabajo, sin darme cuenta he descubierto un espacio de satisfacción.

En el documental de 2015 *¿Qué invadimos ahora?*, el galardonado escritor y director norteamericano Michael Moore viaja a países de todo el mundo que destacan en ámbitos concretos, desde la asistencia sanitaria al sexo o la igualdad.

Moore se para en Finlandia para desvelar los secretos de por qué el sistema educativo es tan satisfactorio; para eso se reúne con un grupo de profesores de una escuela primaria de Helsinki. Se produce una animada discusión sobre las diferencias entre los sistemas norteamericano y finlandés. Uno de los profesores finlandeses dice: «La escuela tiene que ver con encontrar tu felicidad, con encontrar una manera de aprender que te haga feliz». Esta frase se me ha quedado grabada.

En *Finnish Lessons 2.0*, el experto en educación Pasi Sahlberg sostiene que la alfabetización es en parte la clave de la alegría cuando habla de *Siete hermanos,* el clásico finlandés de Aleksis Kivi, de 1870: «Es una historia de unos hermanos huérfanos que comprenden que saber leer y escribir es crucial para la felicidad y una buena vida».

Así prosigue Sahlberg: «Desde entonces, la lectura ha sido un elemento esencial de la cultura finlandesa. La educación ha funcionado como la principal estrategia para crear una sociedad culta y un país que el mundo conoce por sus logros tecnológicos y culturales».

Se considera que Finlandia es el país más culto del mundo; además exhibe las cifras más elevadas de préstamo de libros en bibliotecas.

Aquí parece leer todo el mundo: periódicos, libros, revistas, con independencia de la condición social. En el excelente sistema de bibliotecas públicas, que rebosan de libros en numerosas lenguas, suelo encontrar los títulos internacionales más recientes en inglés. También existe un efervescente ambiente literario en el que se organizan actos y lecturas de carácter público y gratuito. A lo largo de los años, he asistido a entrevistas en librerías locales con autores famosos, desde el novelista y director Paul Auster hasta autores premiados y populares como Donna Tartt, Naomi Klein, Michael Cunningham o Aravind Adiga, por nombrar solo algunos.

Onni ei tule etsien, vaan eläen es un dicho finlandés que significa «la felicidad no se encuentra buscando, sino viviendo». Y a ello yo añadiría: «Y leyendo y montando en bicicleta».

Leer e ir en bici son actividades que se pueden hacer a solas o con amigos. Y ambas ayudan a desarrollar el sisu: una desafiando a la mente con ideas y viajes nuevos relativos al pensamiento y la concentración, otra estimulando el cuerpo físicamente mediante el movimiento y el desplazamiento. Las dos ayudan a actualizar la mente y a abrir paisajes y horizontes nuevos, internos y externos.

La felicidad no se encuentra buscando, sino viviendo.

El sisu ciclista

- *Darle a los pedales sirve para abordar diversos problemas: desde contrarrestar los efectos de la vida sedentaria a levantar el ánimo, pasando por aliviar el estrés o aumentar la creatividad y la capacidad intelectual.*
- *¿Puedes utilizar la bicicleta como medio de transporte? La verdad es que permite ahorrar tiempo y dinero.*
- *Crea un kit estándar con lo que necesitas: un casco, un chubasquero, luces y reflectores; tan pronto tienes el material básico, es más fácil convertirlo en un hábito diario o semanal.*
- *Procura que sea divertido; no tiene por qué ser un triatlón. Con unos cuantos kilómetros al día, o a la semana, ya está muy bien.*
- *Busca un compañero: cuando vas con alguien, pedalear es más fácil y agradable.*
- *En lugares donde la bicicleta como medio de transporte no es una opción, plantéate alternativas como los parques urbanos o bosques cercanos que cuenten con carriles o pistas para bicis.*

CAPÍTULO 9

Ventajas del movimiento como medicamento (y del ejercicio ocasional)

Cuando era más joven, me acostumbré a la idea de que las pastillas (con o sin receta) constituían la solución rápida de prácticamente cualquier problema, fuera físico o psicológico.

Esta actitud todavía es predominante. Tras ver la televisión norteamericana solo una hora me quedo convencida de que quizá sufra una asombrosa variedad de enfermedades de las que yo no siquiera conocía su existencia, y que se pueden curar mediante la pastilla adecuada. El elevado consumo de fármacos con receta en Norteamérica, como los opiáceos (prescritos a menudo para el dolor crónico), explica en parte lo que se conoce como «crisis de los opiáceos». Según la Oficina Internacional de Control de Narcóticos, en 2016 los Estados Unidos y Canadá estaban clasificados primero y segundo, respectivamente, en el consumo per cápita de derivados del opio.

Durante la época que pasé en Norteamérica, tomé una gran variedad de medicamentos con y sin receta, desde analgésicos y antibióticos que, siendo adolescente me prescribieron para el acné, a los antidepresivos que me ayudaron a superar un episodio grave de depresión la primera vez que me la diagnosticaron, a los veintitantos años. En torno a los treinta, también tomé habitualmente ansiolíticos recetados por un médico.

No pongo en duda los beneficios de la medicina en forma de pastillas; es cosa mía y de mi facultativo decidir si he sacado provecho de una dosis baja de antidepresivos en momentos difíciles de mi vida adulta. No obstante, cuando me mudé a los países nórdicos, no se me había ocurrido que quizá debería afrontar el dolor físico, como jaquecas o calambres, o el dolor emocional, como depresión o ansiedad, de otra manera, sin ayuda de pastillas ni tapándome la cabeza con la colcha.

Esta comprensión gradual de que quizá fuera capaz de hacer algo concreto se la debo al descubrimiento de dos conceptos clave que prácticamente todos los finlandeses parecen conocer: *liike on lääke* (el movimiento es medicina) y *hyötyliikunta*, o ejercicio ocasional.

En todo caso, antes de descubrir estos conceptos, me vi en una sorprendente situación que desencadenó el proceso de pensar en otras maneras de abordar el dolor físico o mental.

Al cabo de unos meses de haberme trasladado a Finlandia, a principios de la década de 2000, fui a hacerme el pertinente examen médico. El objetivo era calificar mi salud y bienestar general, y que un terapeuta laboral valorase si, en mi puesto de trabajo, yo me sentaba o estaba de pie de la forma más adecuada.

Como es lógico, me traje las recetas de Canadá suponiendo que me las renovarían. Mi muleta contra la ansiedad era un ansiolítico que había estado tomando regularmente para afrontar el estrés vital general ligado a cuestiones como el trabajo, una relación a distancia o el traslado a otro país, que en aquel entonces pretendía ser temporal, para uno o dos años.

Tras tomar asiento en la consulta, analizamos mi salud general; al final, llegamos al tema de la medicación. Y me sorprendió oírle decir al médico que mi medicina para la ansiedad se consideraba muy adictiva. Así que, en vez de dar su visto bueno a una renovación automática, me sugirió que probara remedios más naturales, como ejercicios físicos suaves o psicoterapia, para hacer frente a las causas subyacentes a la ansiedad. Me hace saber que si quiero de veras una receta para determinado tipo de ansiolítico, no hay problema. Pero la cuestión está ya planteada: ¿es posible intentar otras opciones preferibles a las pastillas?

Mientras estoy ahí sentada, caigo en la cuenta de que, gracias a la gran cantidad de ejercicio que hice y de aire fresco que respiré en los primeros meses (en parte, simplemente yendo y volviendo de trabajar en bici) y a mi estilo de vida algo más equilibrado, he tomado muchos menos medicamentos de esos.

Aunque no contar con mi muleta para la ansiedad en forma de comprimido me da mucho miedo, decido probarlo.

A propósito, son varias ya las ocasiones en que, en Finlandia, he tenido la experiencia de que un médico no te receta ansiolíticos de inmediato. En distintos momentos, diferentes médicos han propuesto psicoterapia o ejercicio como opciones más saludables, y se han tomado el tiempo necesario para explicarme los efectos secundarios y los posibles problemas derivados de la medicación contra la ansiedad, sobre todo entre las personas propensas a la depresión.

Esto no equivale a decir que en Finlandia la gente no toma fármacos con receta como los ansiolíticos (sí los toma), pero mi experiencia me lleva a replantearme qué medicamentos tomo. A la larga, mediante el ejercicio y el movimiento para reducir las dosis, ha llegado un punto en que ya no tomo nada para la ansiedad y he reducido bastante los analgésicos.

Pese a las buenas clasificaciones en cuanto a calidad de vida, en Finlandia, como en otras partes del mundo, muchas personas padecen también depresión.

Según el Instituto Nacional Finlandés para la Salud y el Bienestar, «uno de cada cinco finlandeses sufren depresión a lo largo de su vida». En comparación, según la Comisión de Salud Mental de Canadá, una de cada cinco personas del país experimenta una enfermedad o un problema de salud mental.

El origen de mi tristeza

Con el tiempo, he acabado entendiendo que las causas de mi depresión son diversas. Creo que se debe, en parte, a cómo estoy «programada». También parece que me falta un filtro de resistencia y que soy demasiado sensible a las desgracias del mundo. Cuando estoy abatida, el mero hecho de cruzarme en la calle con un indigente, quizás un sin techo, puede mandar mi mente a una espiral descendente en la que pienso y me preocupo por lo que le ha pasado a ese hombre, que en otro tiempo fue el bebé de alguien, el hijo de alguien.

También puedo ser muy dura conmigo misma, y necesito cuestionar continuamente mi sensación de no ser lo bastante buena. Tengo tendencia a cavilar, preocuparme y hacer conjeturas sobre los escenarios más adversos, algo también habitual en los estados de ansiedad y depresión.

Durante buena parte de mi niñez, la adolescencia y la primera fase de la edad adulta, anhelaba integrarme y ser como los demás, al margen de lo que significara eso.

Ya como adulta, con cuarenta y tantos años, por fin me acepto como soy: una forastera, ni de aquí ni de allí. Y esto puede ser una verdadera ventaja, pues significa que soy capaz de sentirme en casa en lugares muy diferentes, desde la India a Islandia, y escribir el guion de mi vida, por así decirlo. Tener la perspectiva del foráneo también es provechoso desde el punto de vista profesional, pues me brinda la posibilidad de contemplar las cosas desde ángulos diversos.

Un punto de inflexión importante fue aceptar que mi depresión es una enfermedad, algo que puedo gestionar mediante opciones de estilo de vida. No me curaré por arte de magia, pero cuando estoy estresada o me siento decaída porque creo no haber hecho lo suficiente en el trabajo o en casa, necesito reunir toda mi resiliencia finlandesa, sacar partido de este sisu y tomar medidas. Esto significa que, si me encuentro cansada o dolorida, algo tan simple como pasear un rato por una arbolada orilla o darme un rápido chapuzón en el mar puede impedir que mi espiral descendente degenere en algo más grave.

El movimiento como medicamento

El primero de los dos conceptos con los que me he familiarizado y que me han ayudado a reducir la cantidad de fármacos y a abandonar la idea de que para estar sana debo seguir una rutina cara y complicada, es la idea del movimiento como medicamento (*liike on lääke*, en finés).

Según la idea del movimiento como medicamento, la actividad física ayuda a una persona a tener mejor salud y bienestar general porque contribuye a evitar o resolver determinadas afecciones. Por ejemplo, en ciertas personas la tensión prolongada en el cuello y los hombros provoca dolor de cabeza. En algunos casos, va bien estirar y fortalecer estos músculos para mitigar el dolor y quizás incluso prevenir la aparición de las jaquecas o al menos para disminuir su frecuencia.

La actividad física regular, quizás algo tan sencillo como dar un breve paseo varias veces a la semana, subir las escaleras en vez de tomar el ascensor, o hacer pausas regulares en el trabajo y trazar círculos con los brazos o estirarlos por encima de la cabeza, es beneficioso para la salud de los músculos, las articulaciones y los huesos al tiempo que mejora la circulación, lo cual es necesario si queremos contrarrestar el estilo de vida sedentario.

En muchas otras culturas existen variantes de esta idea, que se remonta a épocas antiguas. No obstante, da la impresión de que en Finlandia todo el mundo está familiarizado con el concepto, entendido como una especie de sabiduría popular. En el marco de mi inmersión cultural, empiezo a ser consciente de que el movimiento, aunque sea poco, puede cambiarlo todo. Acabo dándome cuenta de que, para mejorar mi forma física y mi bienestar general, no necesito embarcarme en un duro programa de ejercicios. Cada día tengo a mi disposición unas cuantas opciones simples y fáciles que son beneficiosas.

Empiezo a ser consciente de que el movimiento, aunque sea poco, puede cambiarlo todo.

Ejercicio ocasional

El otro concepto que casi todos los finlandeses parecen conocer y asumir es la idea del ejercicio ocasional (*hyötyliikunta*, en finés), que se lleva a cabo varias veces a la semana y a menudo incluso a diario. Se trata de actividad física que no es ejercicio *per se*. Por ejemplo, se considera que limpiar, ir en bici o andando al trabajo, recoger nieve con la pala, barrer hojas, cortar madera, jugar con el niño o subir escaleras son formas válidas de ejercicio ocasional.

Mis zambullidas heladas son un buen ejemplo de movimiento como medicamento. Algunas mañanas o ciertas tardes, tengo tiempo solo para un breve chapuzón en el mar..., un minuto o menos. No nado distancias largas ni hago esfuerzos extremos. Pero este movimiento, junto con los beneficios del agua fría, basta para afrontar problemas que van desde el cansancio a los dolores musculares pasando por la tensión en el cuello y los hombros, que pueden traducirse en dolores de cabeza si no se resuelven a tiempo. Cuando tengo algún dolor, en el cuerpo o en la mente, en vez de recurrir de entrada a una pastilla pruebo con un tonificante chapuzón. Y casi siempre surte efecto.

Como es lógico, muchas corrientes de opinión de todo el mundo propugnan que el movimiento y el ejercicio físico pueden hacer frente a una gran variedad de problemas relativos a la salud. En todo caso, para mí esto es una constatación trascendental: soy capaz de hacer algo relativamente rápido y gratuito, y así cambiar de forma espectacular mis sensaciones físicas y mentales.

Mi juiciosa amiga Tiina también se sirve del movimiento como técnica medicinal: «Si me duele algo o estoy acalambrada, primero pruebo con el movimiento. Y luego, si así no se va, me planteo un masaje, acupuntura o una sesión de fisioterapia. Pero no voy de entrada al ambulatorio ni tomo calmantes, sobre todo si se trata de una rigidez o un agarrotamiento propios de la edad —señala—. Si es algo más grave, hay que acudir al médico, desde luego.»

Creo que este saludable enfoque de aceptar los achaques y los dolores que vienen de la mano del envejecimiento también forma parte de la sensata filosofía nórdica.

El otro problema consustancial a los medicamentos son los efectos secundarios, naturalmente. Es algo que se conoce bien y está muy documentado, pero hasta que no remodelé mi estilo de vida no reparé en que muchos de los fármacos estaban teniendo efectos negativos.

Por ejemplo, los somníferos que tomé durante un tiempo me dejaban fuera de combate por la noche, pero al día siguiente me despertaba grogui y con un aletargamiento que no me quitaba de encima en todo el día. En un esfuerzo por elevar mis bajos niveles de energía, comía más tentempiés azucarados, que a su vez me engordaban. Esos kilos adicionales me hacían sentir rechoncha y apenada, pues la ropa me apretaba.

Pese a que muchas personas que padecen insomnio sacan provecho de una dosis pequeña de somníferos (yo misma), creo que una opción mucho mejor pasa por adoptar hábitos cotidianos que incluyan más movimiento y actividad al aire libre durante el día para asegurarme de que por la noche estaré físicamente cansada de una manera natural y, por lo tanto, seré más propensa a quedarme dormida y descansar bien, sin artificios.

A toro pasado, todo parece muy sencillo y obvio.

Actividades beneficiosas para la salud

A medida que va habiendo más conciencia de lo importante que es el movimiento y el ejercicio, más organizaciones sanitarias de todo el mundo recomiendan actividad física para abordar una amplia variedad de problemas de salud.

En Finlandia, las Care Guidelines [pautas de atención] nacionales, «directrices de práctica clínica, independientes y basadas en pruebas», abarcan importantes cuestiones relacionadas con la salud y los tratamientos médicos, así como con la prevención de enfermedades. Se aconseja ejercicio regular para la prevención, el tratamiento y la rehabilitación de múltiples dolencias, entre ellas la depresión.

También existe un instituto dedicado a promover las actividades físicas beneficiosas para la salud. Se llama Instituto UKK. Uno de sus principales cometidos es «desarrollar prácticas efectivas basadas en la investigación que ayuden a reducir la conducta sedentaria y a favorecer la actividad física beneficiosa desde el punto de vista sanitario».

Este instituto privado de investigación toma el nombre del presidente de Finlandia de mandato más largo, Urko Kaleva Kekkonen (1900-1986), que estuvo en el poder desde 1956 a 1982. Además de sus logros políticos, Kekkonen, activo deportista, fue campeón de salto de altura.

El parque nacional UKK, llamado así en honor del estadista, es una de las áreas naturales protegidas más grandes del país; ubicado cerca de la parte más septentrional, en Laponia, incluye la zona de Kiilopää y su cumbre.

Según el instituto, el ejercicio ocasional (jugar con el niño, hacer tareas domésticas como limpiar o recolectar comida, etcétera) tiene muchos beneficios, que varían entre reducir el riesgo de desarrollar enfermedades coronarias y cardiovasculares o diabetes tipo 2 hasta retrasar la aparición de osteoporosis o aliviar los síntomas de la depresión y la ansiedad.

A medida que aumenta mi interés en el movimiento y el ejercicio ocasional, advierto casualmente que uno de los principales seminarios del UKK se llama «Movimiento como medicamento». En él participan diversos ponentes, desde médicos e investigadores hasta expertos en salud laboral.

Me inscribo enseguida en el seminario, que dura dos días.

El primer día, tan pronto como me he acomodado en mi asiento en el abarrotado auditorio, se nos dice que nos levantemos. Conforme al tema del acto, entre exposiciones se hacen estiramientos en grupo.

Como todo el mundo sabe ahora, actualmente estar sentado equivale a fumar.

Aunque no puedo quedarme durante toda la sesión, puedo decir que destacan dos cosas. Una, todos los presentes parecen vigorosos y en forma. Sin embargo, cabe deducir que, si tienes un interés, profesional o de otro tipo, en este ámbito y eres portador de un mensaje sobre las ventajas del movimiento, tienes más probabilidades de practicar lo que preconizas.

Lo segundo que observo es que, aunque se hace hincapié en varias aplicaciones e innovaciones tecnológicas para ayudar a la gente a incorporar más movimiento a su vida, el principal anuncio es que la actividad y el movimiento simple y sensato junto con la moderación constituyen las soluciones de numerosos problemas de salud que aquejan a la gente en todas partes.

En un estudio de 2016 de la revista médica arbitrada *The Lancet* de más de un millón de personas, se llegó a la conclusión de que la inactividad física le cuesta a la economía mundial más de cincuenta y seis mil millones de euros anuales en asistencia sanitaria, y de que el estilo de vida sedentario está relacionado con un incremento de la diabetes tipo 2, las cardiopatías y algunas clases de cáncer.

Me interesa un seminario sobre la clave de dormir bien. Más tarde entro en Internet y leo la reseña.

La autora, Heli Järnefelt, psicóloga especialista del Instituto Finlandés de Salud Laboral, destaca que la primera opción es encontrar un tratamiento que descarte las pastillas. Aunque su ponencia esboza diferentes métodos, entre ellos diversas terapias cognitivo-conductuales que incluye meditación y *mindfulness* (o atención plena), para contribuir a abordar las causas subyacentes del insomnio, también señala que estas pueden ser factores ligados al estilo de vida, como la inactividad o el exceso de Internet o de juegos de ordenador antes de, o en vez de, ir a dormir.

Uno de los fundadores del «movimiento como medicamento» en Finlandia es el profesor emérito y doctor en medicina Ilkka Vuori, conocido como el «padre de la actividad física beneficiosa para la salud» (la denominación suena mejor en finés).

Vuori fue el primer director del Instituto UKK, puesto que ocupó durante veinte años. A lo largo de su carrera ha sido profesor visitante en la Universidad de Stanford, ha publicado más de trescientos cincuenta artículos en revistas médicas y ha escrito numerosos libros. Ha participado en investigaciones y en la elaboración de políticas de salud con muchas organizaciones de Finlandia y el extranjero, entre ellas la OMS y la HEPA (Health Enhancing Physical Activity), rama europea de la OMS para la promoción de la actividad física beneficiosa para la salud.

Quedo con este elegante octogenario en una

cafetería situada en un edificio *art nouveau* de Porvoo, una de las seis pintorescas ciudades medievales de Finlandia.

Pregunto a Vuori sobre los orígenes de la idea del movimiento como medicamento, con el que tantas personas parecen estar familiarizadas.

«Esta relación estrecha tiene varias explicaciones —dice—. En los últimos cien años, Finlandia ha dejado de ser un país pobre para convertirse en un país próspero; el movimiento fue una necesidad durante mucho tiempo. Hasta las décadas de 1960 y 1970, los coches no eran en Finlandia tan comunes como, pongamos, en Norteamérica —precisa—. Por tanto, al trabajo, a la escuela o a hacer recados, se iba andando o en bicicleta. En la actualidad, aunque casi toda la gente tiene coche o moto, se ha conservado un enfoque activo de la vida», concluye.

Según Vuori, este enfoque activo se ha mantenido en parte por tradición, y en parte porque es un modo de vivir práctico que satisface de modo eficiente varios objetivos: por ejemplo, coger setas y bayas o cortar leña para la sauna mientras se pasa tiempo al aire libre y se realiza alguna actividad y se respira aire puro.

Existe también el elemento del carácter nacional.

«Los finlandeses prefieren gestionar y ocuparse de sus propios asuntos; aquí no se han desarrollado ciertos servicios que se podían comprar o externalizar. Por ejemplo, en Finlandia hay centenares de miles de casas de verano, pero muy pocos cuidadores de casas de verano; es un servicio que ha surgido solo en los últimos años, lo cual indica que la gente quiere encargarse de su casa por su propia cuenta. Y disfruta haciéndolo», añade.

(Esto suena a ejemplo perfecto del sisu HUM que señalé antes, según el cual las personas «deciden» llevar a cabo tareas domésticas y de otra clase que habrían podido muy bien encomendar a otros.)

Según Vuori, estos fundamentos, este sentido práctico de los nórdicos, se suman a una sólida cultura del deporte propiciada por numerosas entidades nacionales y locales que organizan diferentes competiciones, lo que significa que casi todos los que han crecido en Finlandia han practicado algún deporte en su niñez.

Según «La historia del ejercicio como medicina en las civilizaciones antiguas», artículo de 2014 incluido en *Advances in Physiology Education*, de la Sociedad Fisiológica Norteamericana, entre los médicos que recetaron movimiento o ejercicio moderado a sus pacientes encontramos desde Hipócrates de Grecia hasta el indio Súsruta.

Casi todos los que han crecido en Finlandia han practicado algún deporte en su niñez.

En el contexto actual, Vuori atribuye a Jerry Morris, epidemiólogo escocés ampliamente reconocido, el descubrimiento de la conexión entre la conducta sedentaria y las enfermedades cardiovasculares.

Entre finales de la década de 1940 y principios de la siguiente, Morris estudió y comparó la salud de los conductores de autobús de Londres, que estaban sentados todo el rato, y los cobradores, que subían y bajaban escaleras. Y descubrió que los cobradores presentaban un menor índice de cardiopatías.

A lo largo de los años, Vuori ha trabajado en el ámbito internacional con muchas personas que han sido esenciales en el estudio de las propiedades del movimiento y la actividad física beneficiosas para la salud, como el doctor Steven Blair, científico del ejercicio y profesor norteamericano, que se ha pasado buena parte de su carrera estudiando y animando a la gente a moverse. Otro es el doctor Victor KR Matsudo, fundador del movimiento Agita Mundo en São Paulo, que acabó siendo la Sociedad Internacional para la Salud y la Actividad Física.

Vuori, que durante los primeros años de su carrera se dedicó a la medicina deportiva y fue el médico del equipo finlandés en los Juegos Olímpicos de México de 1968, dice que ha costado mucho convencer a la profesión médica y a los responsables políticos de las ventajas del movimiento.

«Siempre se han conocido los efectos y los beneficios de estar en forma, pero hubo que esperar mucho tiempo a que fueran aceptadas las consecuencias del movimiento para la salud. En medicina existe un sano escepticismo ante la adopción de tratamientos nuevos o preventivos que no hayan sido demostrados científicamente», dice.

«En 1987 publiqué en *Finnish Medical Journal* un artículo que planteaba esta pregunta: ¿caminar sirve para ponerse en forma? Muchos de mis colegas de entonces me preguntaban, un tanto incrédulos, si era de veras posible mejorar la salud y la forma física solo andando. La respuesta era, y sigue siendo, "sí"», asegura.

Vuori dice sentirse encantado al ver lo lejos que ha llegado la idea del movimiento como medicamento durante los pasados cincuenta o sesenta años.

«Los grandes engranajes han comenzado a girar en la esfera política de distintos países y también en el plano internacional. Buen ejemplo de ello es la elaboración, en 2017, por parte de la OMS de un proyecto de plan de acción global para fomentar la actividad física, lo que es un primer paso», señala.

Según la OMS, la falta de actividad física es la cuarta causa principal de morbilidad.

En cuanto a Vuori, practica lo que preconiza. Una de sus actividades favoritas es el «HUM en la casa de verano», que, según cuenta, incluye cortar leña, pescar, cuidar el huerto y cortar el césped. También le gusta esquiar y andar por el bosque al menos una hora diaria.

Le pregunto si aconseja algo a la gente a la que le cuesta incorporar el movimiento a su vida cotidiana. Piensa unos instantes y dice: «No busques la manera de evitar la actividad y el movimiento cotidianos..., en casa, en el trabajo, cuando tomas el transporte público o durante el tiempo libre.

Aprovecha cualquier oportunidad, aunque sea solo para un rato y se trate solo de movimientos suaves», explica.

«Lo incuestionable es que algo de movimiento, por poco que sea, es mejor que nada. Mantener la capacidad y la movilidad funcional es clave para la calidad de vida y para gestionar la salud», añade.

Sisu HUM

Si se trata de ejercicio ocasional (actividad física que tiene lugar cuando estás haciendo visiblemente algo más), en la prensa local suele aparecer un planteamiento pragmático, festivo, sobre maneras de amenizar y maximizar el efecto de llevar a cabo tareas básicas en la casa o el jardín. Por ejemplo, tres extensiones de los hombros con un rastrillo tras barrer un montón de hojas otoñales.

Conozco a muchas personas que coinciden en este enfoque lógico del ejercicio ocasional, y cuyo espíritu del sisu HUM se traduce, en parte, en disfrutar de diversos cometidos que se podrían externalizar fácilmente, como pasa en otros países donde predomina una cultura de la conveniencia.

Tenemos un buen ejemplo en dos de mis compañeros de natación invernal, una pareja encantadora, Timo y Pia, ambos pilotos jubilados.

Durante la temporada de invierno, Timo, que a menudo bailotea jovialmente en el muelle después de nadar, y su esposa, Pia, se zambullen juntos cada mañana.

Un día estábamos hablando sobre la natación, la sauna y esta especial cualidad finlandesa de la resiliencia.

«El sisu tiene que ver con descubrir tu propia fortaleza. Deriva de la perseverancia y las circunstancias duras; tradicionalmente, los finlandeses han tenido que ir a la granja, al granero, a pescar, con independencia de las condiciones meteorológicas», explica Timo.

A continuación me dice que, para él, limpiar (sí, poner orden en un apartamento o en la casa de toda la vida), una forma de ejercicio ocasional, es una actividad forjadora de sisu.

Sería más fácil contratar a alguien, como hace mucha gente, pero a Timo le gusta este estímulo: «Te dispones a realizar la tarea, y una vez que has terminado te sientes de maravilla», señala.

Después me explican que iniciaron una de sus actividades generadoras de sisu, la natación invernal, quince años atrás, cuando todavía pilotaban aviones por Europa y lugares más lejanos. «Nos enganchó tanto que solíamos darnos un chapuzón antes del primer vuelo de la mañana para así cargar las pilas de energía», explica Pia.

En todo caso, su secreto para permanecer sanos es sencillo: «El ejercicio físico es un modo de vida que compartimos desde hace treinta años».

El gimnasio al aire libre

El ejercicio ocasional no sustituye al adecuado entrenamiento para estar en forma; lo ideal es hacer ambas cosas, aunque naturalmente esto dependerá de la edad y la salud.

En Finlandia, hay personas que tienen entrenadores personales y siguen programas de preparación física intensos, pero, si se trata del movimiento, parece aceptarse, como regla general, la filosofía práctica de «menos es más».

Si la adopto, esta perspectiva me ayuda a tener en cuenta otras opciones de ejercicios, pues ya no creo que para mejorar mi nivel de fuerza y de forma física tenga que apuntarme a un gimnasio ni someterme a un programa exigente y riguroso que haya que seguir al pie de la letra.

En la primavera de 2016 acudo a una revisión médica regular al centro de salud pública local.

Mientras estoy allí en sujetador, durante mi examen físico, el joven médico y yo repasamos mis hábitos sanitarios generales, que según él son buenos.

Pero de pronto me mira los brazos y los hombros, y me sugiere que piense lo de fortalecer y tonificar los músculos de la parte superior del cuerpo mediante levantamiento de pesas o cualquier otro programa de reforzamiento o estimulación muscular. Esto también podría ayudar a reducir los dolores de cabeza y las migrañas que sufro de vez en cuando, que, a mi entender, se deben en parte a la tensión en el cuello y los hombros, seguramente provocada por el exceso de horas que paso inclinada ante el ordenador.

A estas alturas, llevo en Finlandia tanto tiempo que estoy acostumbrada a la forma de hablar finlandesa, sincera, directa y no edulcorada, que agradezco. Porque sé que lo que me dice es verdad. Solo hacía falta que me lo dijera alguien.

Aunque el médico propone un programa de fortalecimiento muscular en un gimnasio, a mí no me gusta la idea de pasar más tiempo encerrada.

Dado que no me quedan muchas horas después de mis malabarismos con una familia, un niño pequeño y una atareada actividad *freelance*, me pongo a pensar qué podría hacer al aire libre antes de que se despierte mi parentela.

Cuando era niña, con diez años o así, practiqué algo de deporte, como gimnasia o atletismo de pista. Sin embargo, la obligación de correr con espíritu competitivo en la escuela primaria generó en mí una fuerte aversión a las carreras, y juré no volver a hacerlo.

No obstante, mientras repaso mis opciones con una perspectiva nórdica práctica, veo que, de todas ellas, la más simple y sensata sería la de incorporar algo de *footing* matutino a mi horario y combinarlo con abdominales y flexiones.

Y por eso, una mañana de primavera, me dirijo a mi primer trote en casi veinticinco años y descubro que mi estado físico general es peor de lo que pensaba. Aunque antes de ese primer día hago algunos estiramientos, el conjunto de la experiencia duele y se convierte en algo casi imposible, no solo durante los escasos minutos que consigo correr, sino también después, cuando me duelen todos y cada uno de los músculos del cuerpo.

Sin embargo, de algún modo, persevero; saco provecho de esa reserva de sisu que descubrí con la natación invernal y recuerdo que esforzarme pese al malestar fue crucial para acabar sintiéndome mejor, más fuerte y más a gusto.

Las primeras veces consigo correr unos tres minutos antes de tener que parar y andar el resto del trayecto. Pero como estamos en primavera y las mañanas son claras y luminosas, no desisto y me digo a mí misma que correr aunque solo sean cinco minutos es beneficioso y mejor que nada.

Como era de esperar, al cabo de unas semanas ya no me duele nada y poco a poco aumento la distancia. Mi objetivo no es hacer una maratón, alcanzar grandes velocidades ni recorrer distancias largas, sino solo romper a sudar, hacer un poco de esfuerzo aeróbico y tonificar los músculos con unos cuantos ejercicios antes de zambullirme en el agua.

Pasado un mes, ya estoy enganchada. Mis «minitrotes», como los llamo yo, duran entre diez y quince minutos, y unas cuantas veces a la semana recorro el sendero que discurre por la orilla de la isla, antes de detenerme en el muelle de las alfombras para hacer algunos ejercicios y luego dejarme caer en el mar.

Me inspiro en mis compañeros nadadores invernales, que se trasladan al muelle más cercano cuando el club de natación de invierno cierra a principios de primavera, y mantienen todo el año la costumbre de darse una revitalizadora zambullida diaria.

Para desarrollar mi fuerza muscular, empiezo a

incorporar algunas flexiones básicas tipo «plancha abdominal» contra las barandas del muelle junto con algunas sentadillas muy elementales. Al principio apenas hago una serie de entre cinco y diez sin notarme totalmente agotada. Pero en el espacio de uno o dos meses soy capaz de hacer entre sesenta y ochenta abdominales sin desplomarme.

Cuando el mar se calienta hasta alcanzar aproximadamente los quince grados centígrados, descubro un modo de hacer flexiones de brazos colgándome de la baranda del muelle de madera y metiendo y sacando el cuerpo del agua. Como pasaba con los abdominales y las flexiones, al principio apenas soy capaz de hacer cinco.

Sin embargo, mi resistencia mejora con relativa rapidez y progreso hasta efectuar diez flexiones en barra, luego quince, veinte y, al final, veinticinco.

He transformado el muelle donde se lavan las alfombras en un gimnasio al aire libre.

Me doy cuenta de que mi nueva rutina requiere una mochila adecuada para correr, en la que quepan una toalla, una muda de ropa y una botella de agua.

Vuelvo a hacer algo que no hacía desde la adolescencia: me compro una buena mochila deportiva con correas en la cintura y el pecho. Quizá sea la primera vez que, como adulta, no he escogido una bolsa basándome en la marca o el aspecto; en este caso, ha sido prioritario lo funcional.

Mi nuevo hábito de correr mejora el sistema cardiovascular, incrementa el tono muscular y fortalece la parte superior del cuerpo, que indudablemente estaba volviéndose flácida y redondeada debido a tantos años de estar inclinada frente al ordenador y, a decir verdad, también a la edad. Menos mal que mi nuevo régimen de ejercicios pronto me ayuda a reducir la frecuencia de las jaquecas.

Cuando llegan los gélidos meses invernales, compro algunos clavos que sujeto a la suela de las zapatillas para no dejar de correr, haga el tiempo que haga.

Aunque no tengo intención alguna de disputar un triatlón, las nuevas rutinas mejoran de forma considerable mi bienestar; me noto más fuerte. Habrá quien ponga en duda su eficacia habida cuenta de su duración relativamente corta. Pero los días que las hago, dedico una buena media hora o así al ejercicio. Si combino esto con la bicicleta, sale al menos una hora o más de actividad física o movimiento de una manera relativamente fácil de encajar en mi jornada.

Mi nueva costumbre me ayuda además a desarrollar algo que la experta en sisu Emilia Lahti denomina «seguro de vida»: al cuidar de tu bienestar físico, también refuerzas tu mente y tu yo.

Cuando Lahti y yo estábamos hablando de si estar físicamente fuerte potencia el sisu, le pregunté por su propio *footing*, que desde luego practica a un nivel muy distinto del mío.

Me explica que descubrió lo de correr a los veintidós años, y que fue una sorpresa porque jamás se había considerado una buena deportista. «En la escuela, siempre me escogían la última para el equipo», añade.

«Un día, sin venir cuento, estuve corriendo durante cuarenta minutos y aluciné. Antes, lo de correr me había costado, pero aquella escapada desencadenó algo dentro de mí: seis meses después, me inscribí y corrí mi primera maratón. Más adelante, emergió la costumbre como algo natural. Puedo atribuir sinceramente mi salud mental al hecho de haber empezado a correr. Correr me ha permitido volver a sentirme fuerte de mente y de corazón», dice.

«Cuando me entreno, no solo fortalezco mis ligamentos o mi capacidad aeróbica; durante esas horas es como si el cuerpo estuviera diciéndole a la mente: puedes hacer esto. Cada vez me recuerdo a mí misma que soy capaz de hacerlo. Al movernos, se activa una especie de circuito eléctrico, se produce cierto prodigio que modifica algo en nuestra mente, y no necesariamente al revés. Estamos obsesionados con tener el control y el poder mental, pero una persona deprimida (como yo lo he estado, lo conozco de primera mano) no quiere levantarse de la cama. Es como si el cuerpo estuviera en un profundo letargo y no fuera capaz literalmente de ponerse en pie. Si por fin logras abandonar la cama y llegar a la ducha, esto casi te supone una inyección de energía.»

Pese a mi admiración por las ultramaratones de Emilia Lahti, lo que me atrae es el carácter no competitivo de muchas de las actividades que he emprendido aquí en el norte.

He utilizado esta cualidad no competitiva para establecer vínculos con una satisfacción que he observado en muchas actividades. Aunque para los finlandeses ganar es importante, especialmente en un partido de hockey sobre hielo contra su eterno rival sueco, no tiene nada que ver con alcanzar el primer puesto, sino más bien con asegurarte de hacerlo bien y disfrutar con ello.

Si un compañero de natación invernal me propone participar en el Campeonato de Natación en Aguas Heladas, me lo pensaré en serio. Busco información en Internet y evalúo opciones de viaje y alojamiento. Y me planteo cómo podría prepararme para ello.

Pero, de repente, en el agua (naturalmente) comprendo que si disfruto nadando en invierno es, entre otras razones, porque no lo hago con ánimo competitivo.

Esto me sirve para tener claro que no voy a inscribirme. Uno de los muchos motivos por los que me encantan mis costumbres árticas es que no tengo que demostrar nada a nadie.

Y ocurre lo mismo con el *footing* y el programa de ejercicios recién descubiertos. Al final del día, no es cuestión de lo lejos que he llegado, de lo rápido que he ido o de cuántos abdominales o sentadillas he contabilizado, sino de disfrutar de un cuerpo fuerte relativamente sin dolor y que funcione como es debido, de encontrarme bien y ser capaz de subir en bici una pendiente sin acabar con la respiración entrecortada. O de coger a mi hijo y llevarlo a cuestas, pese a que está creciendo y en la báscula ya llega a los veinticinco kilos.

Soy aceptada como soy, aprendo a aceptarme a mí misma, y lo haga como lo haga, está bien.

Movimiento como medicamento

«Aprovecha cualquier oportunidad, aunque sea solo para un rato y se trate solo de movimientos suaves. No busques la manera de evitar la actividad y el movimiento cotidianos..., en casa, en el trabajo, cuando tomas el transporte público o durante el tiempo libre.»

Ilkka Vuori, profesor emérito y experto en la idea de «movimiento como medicamento»

- *Procura valerte del movimiento para aliviar la tensión muscular, la rigidez o el estrés dando un corto paseo.*
- *Complementa las tareas domésticas o el trabajo en el jardín, como cortar el césped, con estiramientos suaves.*
- *Programa una reunión en la que los asistentes dan un paseo en vez de quedarse sentados.*
- *Si quieres evaluar progresos y fijar objetivos, utiliza un podómetro para supervisar tu actividad diaria.*
- *El movimiento y el ejercicio ayudan a generar salud y resistencia, lo que desemboca en más sisu.*

CAPÍTULO 10

Minimalismo nórdico: crear un estilo de vida más simple y sostenible

Una mañana de verano, temprano, me dirijo al mar a lo largo de una ruta de grava bordeada de árboles, que luego discurre junto a la orilla frente a la cual están atracados los rompehielos de color amarillo pálido, entre ellos el *Sisu*, así llamado en honor de esta singular forma de fortaleza y resiliencia.

Cuando llego al muelle, una mujer que rondará los setenta años y a quien recuerdo de nuestro mundillo natatorio, está restregando una alfombra con un cepillo y un poco de jabón de pino en las mesas de madera. Nos saludamos y charlamos un rato acerca del agua (aún está bastante fría, a unos diecisiete grados) y del tiempo, que es luminoso y soleado pese a lo temprano de la hora.

Tras un breve baño, trepo por la escalera metálica hasta el muelle. Mientras me seco con la toalla, me acerco a admirar los rojos, verdes y azules puros de la alfombra, confeccionada con tiras de tela reciclada.

Con el rostro iluminado, la mujer me cuenta la

historia de la alfombra. Más de medio siglo atrás, cuando era niña, observaba a su madre tejer alfombras en un telar. Señalando una parte de color rojo, me dice que procede de un viejo delantal de su madre. La viva porción de azul formó parte en otro tiempo del uniforme de trabajo de su padre. Y el tejido verde provenía de unos pantalones de deporte que ella llevó de niña hasta que le quedaron pequeños.

Me explica que, a medida que pasa el tiempo, valora más y más su reliquia. «Cada día es como si estuviera recorriendo la historia de mi familia», dice.

Mientras permanecemos en aquel muelle soleado y flota en el aire el aroma natural de pino, pienso que esa alfombra supone un perfecto ejemplo de espíritu práctico nórdico: refundir algo viejo en un objeto nuevo que tiene una finalidad y contiene una historia con significado.

Un enfoque nuevo

Llegué a la mayoría de edad en una época, finales de los ochenta y principios de los noventa, en que el consumo ostentoso era algo guay. Comprar cosas constituía una actividad, un pasatiempo, incluso un deporte con arreglo al sentido de cierta expresión popular: compra hasta no poder más.

No obstante, aquí en Finlandia, como en otras partes del norte de Europa, noto que el materialismo ostentoso y una exhibición excesiva de pertenencias están casi mal vistos. Si resulta que tienes una casa grande, un coche llamativo y una cabaña de verano en el archipiélago, pues muy bien, pero no es algo de lo que presumir ni a lo que se deba hacer referencia continuamente. Lo mismo cabe decir de la ropa y los complementos de diseño.

Al principio me parece que este enfoque reduccionista forma parte del estilo de vida nórdico. Como la gente suele vivir en casas y apartamentos relativamente pequeños, tener menos cosas es también una necesidad.

Sin embargo, a medida que aprendo más sobre el legado de diseño del país, llego a la conclusión de que tiene más que ver con el minimalismo nórdico (la idea de que menos es más) que simplemente con una estética de estilo despejado.

Minimalismo nórdico. La idea de que menos es más.

El diseño finlandés es famoso en todo el mundo por su funcionalidad y sus líneas minimalistas intemporales.

Yo estaba familiarizada con iconos del diseño como Marimekko, con sus fabulosas negritas en la ropa, los accesorios y los artículos domésticos, así como aquellas ubicuas tijeras Fiskars con mango naranja, que según parece son las más vendidas del mundo.

Sin embargo, lo que no había entendido correctamente era una de las filosofías subyacentes a todo eso: que un objeto funcional bien hecho, fabricado con criterios éticos y sostenibles, resistirá la prueba del tiempo frente a los productos ordinarios, de mala calidad o fabricados sin ética, que habrá que tirar y reemplazar.

Entre algunos ejemplos escogidos de esto están varias obras del gran arquitecto y diseñador Alvar Aalto (1898-1976), como el icónico jarrón Aalto, creado en 1936 y que sigue vendiéndose desde Londres a Buenos Aires. La forma ondulada del vidrio imita las olas, que es también lo que significa *aalto* en finés.

Los vasos Kartio constituyen otro buen ejemplo. Diseñados por Kaj Franck en 1958, los clásicos recipientes presentan una amplia gama de tonalidades, desde verde manzana a azul marino, pasando por el color acuoso, el esmeralda o el azul ultramar, y desde sus inicios han sido un elemento básico en los hogares entendidos en diseño.

Y aún otra de las creaciones icónicas de Aalto, el taburete Artek E60, concebido por el maestro modernista en 1933, representa un excelente ejemplo de forma que sigue a la función. El clásico moderno de tres patas fabricado con enchapado de abedul no ha dejado de copiarse desde su aparición, hace ya más de medio siglo. No obstante, un taburete E60 está concebido para durar toda la vida. Y se puede vestir de gala o de manera informal, colocar en un rincón para ganar espacio o utilizar como mesa de centro, estante para libros o velador. Los apilables asientos se venden y se revenden, manteniendo, e incluso superando a veces, su valor original.

Dos citas de Alvar Aalto resumen su filosofía, que también podemos entender como unos principios generales del diseño finlandés: «La forma ha de tener un contenido, y este contenido debe estar relacionado con la naturaleza», y «La belleza es la armonía entre la función y la forma».

La democracia del diseño

Si en otro tiempo practiqué la terapia de compras como estimulante, ahora he asimilado un nuevo enfoque sobre la adquisición de ropa y accesorios, incluso de artículos para la casa, si vamos al caso: todas mis compras han de tener una función y una finalidad.

En el fondo, la ideología del diseño finlandés representa una ética sostenible. Si inviertes en un buen taburete, jarrón o vaso, no tienes por qué seguir comprando otros nuevos. Aunque al principio acaso requiera cierto desembolso, a largo plazo es mejor para la cartera y el entorno.

Hay un dicho finlandés, *Köyhällä ei ole varaa ostaa halpaa*, que significa aproximadamente «el pobre no puede permitirse comprar barato».

Mientras en otras partes del mundo, «diseño» y «diseñador» equivalen a exclusividad, el diseño finlandés encarna las ideas de igualdad y acceso generalizado que tan importantes son en muchos ámbitos de la vida en el país, desde la educación al ejercicio físico.

El diseño finlandés encarna las ideas de igualdad y acceso generalizado que tan importantes son en muchos ámbitos de la vida en el país.

He llegado a definir esta igualdad como «democracia del diseño»: se pretende que el diseño sea para todo el mundo un medio que permita mejorar la calidad de la vida cotidiana. Y no tiene que ver solo con objetos: es un planteamiento vital, con independencia de si hablamos de la creación de un tranvía urbano funcional con una sección para aparcar los cochecitos de bebés de manera segura y eficiente para que no bloqueen las puertas, de iluminar un sendero en mitad de una zona arbolada de un parque urbano para que la gente pueda ir a caminar o correr tras haber anochecido, o de la funcionalidad de la página web de un proveedor de servicios públicos que funcione de una manera lógica y fácil para el usuario. El diseño se hace pensando en todos, y con la idea de que todo el mundo sea capaz de manejarlo sin dificultad.

Aunque hay muchos ejemplos de diseño finlandés de alta tecnología, podemos escoger dos clásicos de la vida diaria, como son la alacena secadora de platos y el humilde reflector para peatones.

La alacena secadora de platos fue ideada por Maiju Gebhard para la Asociación Finlandesa de la Eficiencia en el Trabajo (¡vaya nombre!) a mediados de la década de 1940, con el fin de eliminar el secado manual de la vajilla. Se incorpora al armario de cocina que está encima del fregadero, de modo que, una vez lavados a mano, los platos se colocan en las ranuras, donde se secarán. El ahorro de espacio, que tiene un componente estético (los platos que están secándose no se ven), supone un excelente ejemplo de forma que sigue a la función, por no hablar de la sostenibilidad: no hace falta petróleo ni electricidad. Pese a la preponderancia de los lavavajillas, muchas cocinas finlandesas actuales todavía tienen una alacena secadora de platos, que además es útil para objetos frágiles que no conviene meter en la máquina y para las casas pequeñas.

Otro fantástico ejemplo de diseño finlandés es el reflector de seguridad, creado por Arvi Lehti en la década de los cincuenta con la idea inicial de proteger los coches y los carruajes; luego se adaptó para que lo usaran los peatones.

En la actualidad, los reflectores de seguridad están disponibles en una gran variedad de formas y colores; se conciben como un complemento que se puede sujetar a un abrigo o un bolso, por ejemplo, para garantizar que un peatón o un ciclista son visibles en la oscuridad cuando los faros de un vehículo iluminan la superficie reflectante.

En Finlandia, es imprescindible llevar reflector cuando está oscuro. Como los países con un uso obligado o predominante del reflector presentan los índices más bajos de accidentes de peatones per cápita, da la impresión de que constituyen una solución sencilla y razonable para la seguridad vial; sobre todo si lo comparamos con medidas más complicadas que se dan en otras partes del mundo para resolver la visibilidad de los transeúntes, como la sugerencia de portar linterna, no ponerse ropa negra o lucir cinta reflectante.

Consumo ponderado

El pensamiento creativo abarca prácticamente todas las esferas de la vida en Finlandia, incluido el dinámico escenario de la segunda mano, que aborda un amplio surtido de cuestiones, desde el espíritu comunitario hasta el consumo sostenible pasando por la economía colaborativa.

Un buen ejemplo de esto es el Día de la Limpieza.

Dos veces al año, a lo largo y ancho del país, los parques urbanos, las aceras y los patios interiores se convierten en un inmenso mercado público de segunda mano al aire libre. Los comerciantes son personas corrientes, que, sin coste alguno, montan un puesto en el que durante todo el día exhiben sus mercancías, desde ropa y complementos usados hasta platos y cubertería, pasando por juguetes, libros y cualquier cosa que quieran vender.

La celebración del reciclado y del espíritu comunitario positivo tiene lugar cada mayo y cada agosto. Se basa en la simple idea de que la gente vacía sus armarios, alacenas y desvanes de cosas superfluas o no utilizadas, y durante un día (más bien dos) intenta vendérselas a otros.

Al igual que muchos vecinos y familias con niños, yo aprovecho el acontecimiento para buscar artículos concretos. Como los niños crecen y los juguetes y la ropa ya no les sirven, no tiene mucho sentido gastar grandes sumas de dinero en algo que puedes encontrar casi en perfecto estado por bastante menos. El comercio de segunda mano es mucho más sostenible y práctico que la compra de cosas nuevas.

A lo largo de los años, en el Día de la Limpieza he conseguido una gran variedad de objetos: para mi hijo, una icónica camiseta de rayas rojas de Marimekko por mucho menos de lo que habría costado en la tienda; también unas botas de lluvia azules sin estrenar para que pudiera chapotear en los charcos; coches y trenes de juguete, juegos de Lego, y un clásico del diseño recio, como es el caso de unos vasos Littala (una ganga a unos cuantos euros la pieza), que seguramente resistirán el paso del tiempo y conservarán su valor.

Esta forma de comprar no solo le conviene a mi poder adquisitivo, sino que además es una manera divertida de pasar unas horas al aire libre con mi hijo, parándonos en parques públicos donde se concentran los vendedores y donde tienes la posibilidad de encontrarte con amigos. También me permite enseñarle a mi hijo que, en un mundo en el que ya hay demasiadas cosas, la opción de buscar objetos usados antes de comprar otros nuevos es una buena idea.

Un dato preocupante es que, de los ochenta mil millones de prendas de ropa fabricadas anualmente en el planeta, solo se reciclan una cuarta parte; según un informe de Greenpeace de 2016, las demás acaban en vertederos o son incineradas.

Intrigada por la idea del Día de la Limpieza, charlo con Jaakko Blomberg, el fundador del Día de la Sauna en Helsinki, que también está implicado en la organización del Día de la Limpieza.

El acontecimiento funciona en distintos niveles que trascienden el concepto de mercado de segunda mano.

Según Blomberg, además del mensaje sobre el consumo ponderado («compra usado antes que nuevo»), es posible captar otros mensajes, como el que ciertos objetos bien hechos, resistentes y duraderos, como los clásicos del diseño nórdico, constituyen una inversión mejor que la moda rápida y desechable.

Consumo ponderado: «compra usado antes que nuevo»

«Aunque en el ambiente del Día de Limpieza se aprecia cierta conciencia ecológica, queremos que la gente se dé cuenta de que la ropa barata y de mala calidad que se fabrica sin criterios éticos no conviene», dice. «Si tienes objetos de calidad, son duraderos y siempre habrá un comprador interesado. Esto es algo muy importante que queremos transmitir: menos bagatelas, y más artículos de calidad fabricados con arreglo a cierta ética.

»Una vez oí a una mujer de setenta años decir: "No volveré a comprar nunca nada nuevo porque puedo comprarlo todo en el Día de la Limpieza y los mercados de segunda mano". Creo que esto ha ayudado realmente a cambiar los hábitos de consumo», prosigue Blomberg.

«Muchas personas me han contado que han empezado a extender la idea a otras esferas del consumo. Piensan: "¿De verdad necesito esto?".»

La idea del Día de la Limpieza tiene su origen en Pauliina Seppälä, una figura clave en muchos acontecimientos y escenarios finlandeses que, mediante el uso de las redes y los medios sociales, atraen a gente e ideas con una causa común positiva relacionada con el intercambio y la sostenibilidad.

Seppälä es creadora y cofundadora de Yhteismaa («Terreno Común»), una organización sin ánimo de lucro especializada en la cultura urbana participativa, la integración y los movimientos sociales.

Como quiero saber más sobre los orígenes de este espíritu comunitario que enaltece la economía colaborativa, me pongo en contacto con ella.

Seppälä luce vaqueros y unas coloridas zapatillas cuando me encuentro con ella cerca de una plaza que da a la zona de obras de Oodi, la nueva biblioteca central de Helsinki de noventa y ocho millones de euros, que por supuesto tendrá sauna y está previsto inaugurar en 2018.

El sitio parece adecuado, pues las bibliotecas son un excelente ejemplo de economía colaborativa. Los finlandeses son los mayores aficionados del mundo a tomar libros en préstamo, con sesenta y siete millones de ejemplares al año en la red de bibliotecas públicas. El sistema ofrece una gran variedad de servicios gratuitos, que se amplían a las películas y juegos de mesa, al acceso a ordenadores y escáneres, y, en algunos lugares, a la posibilidad de utilizar material como máquinas de coser o impresoras en 3D, y naturalmente un espacio para estudiar o trabajar.

Pregunto a Seppälä dónde nació la idea del Día de la Limpieza, y me explica que las semillas se plantaron mientras ella vivía con su familia en Ámsterdam, muchos años atrás.

«Cada domingo era un "día de la basura", y la gente dejaba objetos no deseados junto al bordillo para que otros los cogieran. Cuando llegamos, nuestro piso estaba vacío. En la calle había toda clase de cosas, incluso muebles, lo que nos fue muy bien, pues necesitábamos un sofá», explica.

De nuevo en Helsinki, en una cena con amigos, hubo una conversación sobre cómo propiciar una acción parecida. Más adelante, cuando se puso en marcha el grupo de Facebook «Día de la Limpieza», consiguió casi seis mil miembros en menos de veinticuatro horas.

«Esto me fascinó, pues ilustraba el poder de las redes sociales», dice Seppälä. Cree asimismo que el concepto de Día de la Limpieza prendió tan rápidamente como el de un afortunado predecesor, el Día del Restaurante, en el que cualquiera puede ser un restaurador montando un quiosco o un minicomedor; desde su inicio en Finlandia en 2011, la idea se ha extendido a más de setenta y cinco países.

En las redes sociales, el Día de la Limpieza ha acabado siendo un canal de información sobre un estilo de vida ecológico, en el que las personas comparten información sobre casi todo, desde reciclaje hasta el lavado verde.

«Fue fabuloso ver cómo una iniciativa que comenzaba sin presupuesto activaba de veras a la gente y crecía y se convertía en algo mucho mayor», indica Seppälä.

Le pregunto de dónde viene este realista enfoque no centrado en obtener beneficios. ¿Tiene sus raíces en el duro pasado (en los últimos cien años, Finlandia ha pasado de ser uno de los países más pobres del mundo a ser uno de los más ricos), en una actitud frugal o en un tipo de sisu?

«Nuestros valores morales —contesta— se basan en una ética protestante según la cual derrochar es malo; no nos gusta el derroche ni la vanidad.»

Blomberg también hizo comentarios sobre cierta filosofía antimaterialista cuando le pregunté al respecto: «No necesitas reforzar tu ego o tu posición social mediante las posesiones materiales; aquí no solemos alardear».

Tanto Blomberg como Seppälä subrayan que el Día de la Limpieza, como tantas iniciativas comunitarias en las que han participado, ha sido creado por la gente. Al principio, Yhteismaa estableció el marco de pensamiento creativo; luego fue el público en general, con ayuda de la tecnología, el que se sirvió de él mediante herramientas como Google Maps.

La ética comunitaria basada en que «lo pequeño es hermoso» abarca muchos ámbitos de la vida, de la mano de la estimulante noción según la cual para cambiar las cosas no hace falta mucho dinero.

Seppälä ha puesto en marcha también muchas plataformas comunitarias cuya finalidad es ayudar a los demás, entre ellas el Club de Hospitalidad para con los Refugiados, que establece contacto con quienes, tras la crisis migratoria europea iniciada en 2015, quieren colaborar, por ejemplo ofreciendo su tiempo o donando artículos de primera necesidad en los centros de acogida del país.

La ética comunitaria basada en que «lo pequeño es hermoso» abarca muchos ámbitos de la vida, de la mano de la estimulante noción según la cual para cambiar las cosas no hace falta mucho dinero.

«El Club de Hospitalidad para con los Refugiados me hizo ver el verdadero poder de las redes sociales, lo que eres capaz de hacer con un presupuesto limitado: lanzas ahí la idea, y entonces la creatividad y la inteligencia colectiva del grupo es muchísimo mayor», dice Seppälä.

Otro proyecto del equipo de Seppälä es la red vecinal Nappi Naapuri, basada en la idea de que todos los apuntados al servicio *online* tienen la oportunidad de ayudar a otras personas próximas pulsando solo una tecla. Por ejemplo, alguien con un niño enfermo que ha de ir urgentemente a la tienda por un paquete de pañales, pero no puede dejar solo al pequeño. Para un vecino quizá resulte sencillo coger un paquete mientras hace su propia compra y luego pasar a entregarlo.

Seppälä pone otro ejemplo, que resulta apropiado para un mundo con una población cada vez más envejecida: «Cuando voy a trabajar, seguramente puedo ir y ayudar a un anciano en una tarea sencilla. Los costes de atención a las personas mayores aumentan continuamente, por lo que, además de un cuidador personal, quizá venga bien un vecino servicial para suplir algunas carencias. La economía de servicios se basa en los conocimientos prácticos de la gente, y a menudo esos conocimientos equivalen a un par de manos solícitas», dice.

La gente aúna esfuerzos sin ningún beneficio comercial en la cabeza, solo por el bien común de todos.

«Parte del pensamiento subyacente a la igualdad radica en la idea de que no todo ha de tener un carácter comercial. Muchas cosas pueden ser de gran calidad y estar a disposición de todos (como la asistencia sanitaria o la educación), y no siempre es necesario encontrar el mejor modelo de negocio que permita ganar el máximo dinero. A veces basta un modelo de negocio simplemente bueno», precisa Seppälä.

Esta manera de pensar me parece una versión moderna de la tradición *talkoot* finlandesa, que es un concepto de labor colectiva consistente en que todo el mundo colabora, sean voluntarios que ayudan a limpiar o mantener los parques nacionales, sean residentes de un edificio de apartamentos o un complejo residencial que se pasan una tarde recogiendo hojas con un rastrillo o trabajando en el jardín de otro.

Menos es más

Un reciente superventas sobre el tema «menos es más», el excelente *Stuffocation; Living More with Less*, de James Wallman, me toca una fibra especialmente sensible. En su libro, muy bien escrito, el analista de tendencias Wallman ilustra varios conceptos clave, entre ellos el hecho de que trasladar el centro de atención desde las posesiones a las experiencias, así como alejarse del consumo, puede realmente volver a las personas más sanas y felices.

Ciertos movimientos, como el de las casas minúsculas o la simplicidad voluntaria, abrazan la idea de que tener menos cosas y vivir en una escala más pequeña puede conllevar diversas ventajas, entre ellas menos deudas, lo cual incrementa el bienestar al reducir el estrés y procurar más tiempo libre.

Una de las diferencias más obvias que noto enseguida en mi inmersión nórdica es que los finlandeses, como muchos habitantes de otras ciudades europeas si vamos al caso, suelen vivir en espacios mucho más pequeños que los norteamericanos.

Estoy generalizando, desde luego, pues hay finlandeses y europeos que viven en casas grandes, y norteamericanos que ocupan apartamentos pequeños. Sin embargo, mientras muchos de mis amigos residentes en ciudades de Norteamérica tienden a mudarse a los barrios residenciales cuando tienen hijos, aquí parece darse el caso contrario.

Vivimos en un apartamento de dos habitaciones situado en el centro de Helsinki, desde el cual podemos ir a cualquier sitio dando un corto paseo en bicicleta, andando o en tranvía. La idea de alejarnos de la ciudad solo para tener más espacio y más trastos (y un trayecto más largo para ir a trabajar, que quizá no se podría hacer en bici) no resulta demasiado atractiva. Ya no albergo, como antaño, el sueño de una casa con jardín. Como pasamos bastante tiempo al aire libre, quizá tenemos menos necesidad de espacio propio; disponemos de mucho espacio comunitario compartido. En vez de aspirar a un apartamento mejor y más grande, me siento agradecida por lo que tengo. Se trata de un cambio de actitud con respecto a mis años de formación, cuando pasaba tanto tiempo suspirando por cosas que no tenía.

Sin embargo, he tenido que vivir varios años en el norte de Europa antes de llegar a mi actitud «pequeño-es-zen». Como es lógico, también ayuda el hecho de que muchos de mis amigos de ciudades como Londres vivan en apartamentos compactos, no en casas. Igual que muchas personas que conozco aquí.

Según el Instituto Finlandés de Medio Ambiente (SYKE, por sus siglas en inglés) y su Encuesta de Residentes de 2016, que evalúa la calidad de las aspiraciones y los entornos residenciales urbanos, «el mayor cambio en las aspiraciones acerca de dónde vivir y en los estilos de vida se ha producido en las personas de edades comprendidas entre treinta y cuarenta años y en familias con niños, cuyos deseos de vivir en el centro de la ciudad y de hacerlo en edificios de apartamentos son los que más han aumentado. La ventaja de los centros urbanos es la variedad funcional: combinan la vivienda, el trabajo, las oportunidades de ocio y la disponibilidad de cultura, amén de buenas conexiones de transporte».

En cualquier caso, el colofón es mi nueva valoración de lo que James Wallman y muchos otros han explicado con respecto a alejarse de las pertenencias y acercarse a las experiencias.

Por ejemplo, ir en bicicleta a todas partes es algo que me hace feliz. No querría renunciar a esto solo a cambio de vivir en un espacio más grande con más cosas.

El simplificado estilo de vida nórdico me ayuda a apreciar lo funcional y lo práctico.

Quizá ya no siento la necesidad de no ser menos que el vecino, pues vivo en una sociedad más o menos igualitaria, donde las diferencias entre ricos y pobres, aunque ciertamente están aumentando, no son tan grandes.

Atractivo de segunda mano

Siempre me han atraído las cosas de segunda mano. En mis viajes, he buscado tiendas de productos de ocasión y mercadillos, desde Nueva York a Berlín.

Pero aquí da la impresión de ser un modo de vida, por lo que mucha gente compra así. Pensándolo mejor, creo que forma parte de la sólida conciencia medioambiental que he desarrollado viviendo en este país. Aunque también será algo personal. Como me baño a diario en el mar, tengo especial interés en mantener el agua limpia, sea evitando comprar agua en botellas de plástico si es posible, sea teniendo en cuenta los efectos a largo plazo de mis hábitos de consumo.

De acuerdo con la filosofía de sostenibilidad del Día de la Limpieza, para una primera búsqueda de artículos concretos, además de vigilar mi presupuesto utilizo los numerosos mercadillos autoservicio de la ciudad y los mercados *online*, antes de dirigirme a unos grandes almacenes o a cualquier centro comercial.

Así he amueblado gran parte de mi piso, con objetos que van desde sillas y una mesa de cocina hasta un sofá de diseño casi nuevo que originariamente habría costado cuatro veces más de lo que yo pagué por él.

Estoy tan contenta con mi sofá de segunda mano que cuando lo miro nunca lamento no haber comprado uno nuevo; esto tiene sentido en diversos niveles: ni siquiera debo preocuparme sobre el «sofá nuevo» cuando mi hijo y sus amigos están ahí encima jugando.

Probablemente debido a la sólida cultura de la confianza que existe aquí (si dices que vas a hacer algo, lo haces, algo que he llegado a considerar como una característica del sisu semejante a la de no desistir), con las compras de segunda mano he tenido sobre todo experiencias positivas. Hasta hoy, jamás he sido engañada en algo adquirido en un rastro o en una tienda por Internet. Las descripciones de los productos han sido siempre más o menos exactas, las transacciones se han hecho con claridad, y el vendedor siempre ha entregado la mercancía dentro del plazo acordado.

En este país, la cultura de la confianza y la honradez se tiene en alta estima.

Desde el punto de vista internacional, uno de los estudios sobre la honestidad citados con más frecuencia es la «prueba de la cartera», aparecida en *Reader's Digest* en 2013. En un experimento en que la revista «dejaba caer» en dieciséis ciudades importantes una serie de carteras, se observó que Helsinki era la ciudad más honrada del mundo. En la capital finlandesa se devolvieron once de las doce.

Creación de un estilo de vida funcional

Mi inmersión en el diseño nórdico también me enseña a aplicar el pensamiento creativo a otras áreas de mi vida.

Además de establecer un estilo de vida funcional en ámbitos del bienestar, como nadar en invierno o ir en bicicleta todo el año, saco provecho de cierto tipo de autodisciplina sisu, es decir, hago un esfuerzo por organizar mi vida laboral también de una forma saludable.

Como llevo cinco años de autónoma, me salgo de lo establecido, por así decirlo. Mi horario varía mucho de un día a otro. Y como soy una persona bastante sociable, me gusta pasar varios días al mes en una sala de redacción rodeada de gente o en las instalaciones de una editorial enfrascada en una revista.

Sin embargo, la condición de *freelance* me obliga a pasar sola mucho tiempo. Como trabajar sola puede provocarme cierta sensación de aislamiento, he descubierto que alquilar un escritorio en un espacio laboral compartido influye mucho en mi estado de ánimo, pues estoy acompañada de personas afines, como otros escritores o periodistas que van por libre.

No solo es saludable hacer una adecuada pausa para almorzar con esta gente en un restaurante próximo, sino que además tengo la suerte de poder recibir apoyo y consejo (y a veces un hombro en el que llorar) de otros que hacen el mismo trabajo que yo.

Escojo adrede un espacio no muy alejado de casa, aunque tampoco demasiado cerca, pues los días que voy hago en bici un viaje de ida y vuelta de cinco kilómetros. De este modo, realizo mi corto trayecto, que serpentea junto a la orilla, en menos tiempo del que haría falta con cualquier otra forma de transporte. También puedo recorrer el camino a pie.

Casualmente, nuestro modesto lugar de trabajo está en mitad de una cuesta donde las campanas de una iglesia cercana emiten dos veces al día un tema de Sibelius. Cada vez que suena, recuerdo la opinión del famoso compositor sobre este especial temple finlandés: «El sisu es como una inyección metafórica de energía que permite al individuo hacer lo imposible».

Creación de un estilo de vida más simple y sostenible

- *Reflexiona sobre tu consumo. ¿Adónde irá a parar este objeto cuando ya no te sirva? ¿Se puede donar o revender?*
- *¿La compra de segunda mano es una opción?*
- *Invierte en pocos artículos bien hechos que sean duraderos, en vez de muchos de mala calidad que probablemente acabarán en la basura.*
- *Saca partido del sisu y esfuérzate por idear un estilo de vida funcional cuando sea posible. Tener menos cosas o menos espacio para vivir, ¿resolverá problemas de calidad de vida como la reducción del presupuesto, los costes de mantenimiento o el desplazamiento diario al trabajo?*

Conclusión: encuentra tu sisu

Una de las grandes inspiraciones y alegrías de mi vida es mi hijo. A lo largo de los años, en su transición de bebé a niño, le he visto aprender diversas habilidades, desde andar y hablar a leer y escribir, pasando por nadar o montar en bicicleta. En todo momento, su férrea determinación a dominar cada nueva destreza me ha impresionado e intrigado muchísimo. ¿En qué consiste esta cualidad en virtud de la cual se cae de la bici, da un puntapié a las ruedas, contrariado, se sacude el polvo, vuelve a subirse al sillín y lo intenta de nuevo?

Esta cualidad es el sisu, naturalmente.

Su actitud de no darse por vencido me anima a ser más fuerte y resiliente, a no aflojar cuando me siento frustrada o cansada. Verle a él ratifica todo lo que he aprendido a lo largo de mi estancia en el país sobre el uso que debo hacer de mi propio sisu.

En estas páginas he abordado el estilo de vida finlandés prácticamente igual que un escritor de viajes capta un nuevo destino: observando, investigando y escribiendo acerca de los elementos positivos que merece la pena publicar. ¿Qué prácticas, costumbres y hábitos favorecen el bienestar? ¿Cuáles conviene explorar y compartir con otros? Esta singular fortaleza finlandesa es crucial para muchas de estas rutinas.

Si ahora se me pidiera una definición del sisu, respondería que es una mentalidad valiente que afronta toda clase de desafíos, de las dimensiones que sean; es la capacidad para actuar pese a las adversidades; es un planteamiento vital que nos impulsa a probar cosas y experiencias nuevas y a superar nuestros límites, sean físicos, mentales o emocionales; también tiene que ver con buscar soluciones prácticas y maneras de avanzar para desarrollar fortaleza y resiliencia.

Como he tratado de ilustrar aquí, encontrar el sisu propio propicia soluciones sensatas relativas al estilo de vida que mejoran el bienestar, desde la terapia de la naturaleza a la dieta nórdica. Ejercitar el sisu a diario significa poner en práctica la autoayuda mediante cosas sencillas, como respirar aire puro o hacer ejercicio, seguir una dieta equilibrada o descansar el tiempo suficiente. De un cuerpo fuerte surge una mente fuerte. Estoy completamente de acuerdo con lo que decía Douglas, mi compañero de baños invernales: «El sisu exige un ejercicio positivo de voluntad, es un músculo que ejercitas».

Al margen de dónde vivamos y de lo que hagamos, en la vida cotidiana todos nos enfrentamos a problemas parecidos. Y si encontramos un sentido del sisu cuidando de nuestro bienestar, nos volvemos más fuertes, más equilibrados y más capaces de abordar tensiones y preocupaciones universales ligadas a la salud.

En un nivel práctico, esto podría ser tan simple como dar pequeños pasos en la dirección de forjar un estilo de vida funcional que acaso incluya hacer ejercicio físico ocasional, ir andando o en bicicleta al trabajo, o probar actividades como la natación invernal o paseos por la naturaleza. Mediante prácticas como los baños en invierno, aprendí de primera mano cómo podía utilizar mi fortaleza, mi propio sentido del sisu, para plantearme de qué más era capaz.

Aunque las raíces del sisu residen en una especie de resolución y de sentido práctico nórdico, cualquiera, en cualquier lugar, puede explotar alguna de sus formas. Esto quizás equivalga a no escoger siempre el camino fácil, por ejemplo, limpiar la casa y barrer las hojas en lugar de contratar a alguien para que realice dichas tareas. Mantener cierta conexión con la naturaleza en la vida cotidiana, sea yendo a caminar por la playa, sea reservando tiempo para dar un paseo por el parque, es igualmente importante.

En un mundo cambiante con tantos problemas por los que preocuparse, desde el cambio climático hasta la inestabilidad política y económica, una mentalidad sisu puede suponer una forma de avanzar, de encontrar y desarrollar esa resiliencia y esa fuerza interior que te ayudarán a afrontar las dificultades de la vida.

Una buena gestión del sisu también significa que, cuando algo me preocupa, en vez de guardármelo para mí hago el esfuerzo de hablar con un amigo. Sé que, en cuanto pronuncie las palabras en voz alta, parte del problema se desvanecerá gracias al mero hecho de compartirlo. Además, en la mayoría de los casos, cuando pido ayuda, aparece una solución sencilla que a mí solo seguramente no se me habría ocurrido.

Cuando me enfrento a un problema, aunque me sienta nerviosa o inquieta, me digo a mí misma que debo reunir todo mi sisu y determinar qué necesito hacer a continuación, a quién podría pedir ayuda y cuál es la mejor manera de afrontar el desafío.

Una de las cosas clave que he aprendido acerca de encontrar mi sisu es que no tienes por qué proponerte grandes objetivos. No hace falta ganar medallas olímpicas. Todo puede empezar con pasos muy pequeños que es posible iniciar ahora mismo y que darán pie a cambios mayores. Si puedo hacerlo yo, también puedes tú.

He aquí un ejemplo de día simple lleno de sisu:

Contempla la posibilidad de poner el despertador para que suene treinta minutos antes de lo habitual; en vez de darle al botón de repetición, reúne todo tu sisu y levántate de la cama, coge tu equipo de gimnasia y sal por la puerta. Aunque sea solo un vigorizante paseo matutino puede hacer maravillas con la mente y el cuerpo. Dedica tiempo a fijarte en el entorno. Si hay naturaleza cerca, centra la atención en los árboles, la hierba, las plantas, el agua o el cielo.

Cuando vuelvas a casa, prepárate un desayuno saludable y nutritivo que alimente tu cuerpo para no quedarte sin gasolina. A lo largo del día, puedes evaluar tu sisu armándote de valor para tener determinada conversación complicada con un colega, amigo o vecino. O empieza este proyecto que has estado aplazando. Asegúrate de tomar un almuerzo sano y equilibrado. Por la tarde, camino de casa, bájate del tren, el metro o el autobús una o dos paradas antes y recorre a pie el resto del trayecto para hacer así algo de ejercicio ocasional. Plantéate la limpieza de la casa como si fuera también ejercicio ocasional o sisu HUM. Ejercita tu sisu perseverando con un libro, un curso de idiomas o un proyecto de arreglos caseros que hayas estado posponiendo. Plantéate la aceptación del desafío cotidiano, grande o pequeño, que más te convenga.

Si se trata de encarar problemas de mayor entidad, una de las frases que se me ha quedado grabada es de la experta en sisu Emilia Lahti, en un párrafo sobre la mentalidad: «El sisu da lugar a lo que denomino "mentalidad de acción", una actitud audaz que tiene que ver con el modo de abordar las dificultades. El sisu es un modo de vida para transformar activamente en oportunidades los desafíos que se nos presentan». Sin una mentalidad de acción, si no te crees capaz de correr una maratón, es improbable que des los primeros pasos para lograr el objetivo. En todo caso, esto no significa que debas correr ninguna maratón; la idea es adoptar un espíritu abierto que permita intentar cosas nuevas y comenzar a actuar, aunque sea dando pasos pequeños hacia los objetivos fijados.

Cualquier persona, en cualquier parte, es capaz de utilizar un poco de sisu o de entereza en su vida cotidiana para sentirse más sana y, en última instancia, más feliz. De hecho, todo esto está relacionado con abandonar la zona de confort de una manera positiva: ¿te atreves a asumir riesgos saludables, a probar experiencias nuevas y a considerar la posibilidad de superar tus límites, sean físicos, mentales o emocionales?

Tal vez el aspecto más importante del sisu saludable sea descubrir lo que surte efecto en tu caso. Lo de nadar en invierno o ir en bici todo el año quizá no sea válido para todo el mundo. Esta es una de las conclusiones clave del sisu: este singular espíritu de resiliencia honra la independencia y la autonomía; tiene que ver con ser el guionista de tu propio sisu.

Epílogo

Cuando recuerdo a aquellos tres jóvenes corriendo por las nevadas calles de Helsinki en albornoz y zapatillas, noto una sensación de gratitud. Y es que ellos, al igual que mis amigas Tiina Y Riikka, responsables de mi inmersión en las gélidas aguas del Báltico, me impulsaron a emprender un viaje.

Aunque en el sencillo estilo de vida nórdico he descubierto muchas fuentes de fortaleza, coraje y alegría, fue sobre todo mediante el arte de la natación invernal como aprendí a sacar partido de esta especial resiliencia, el sisu. No solo encontré un método natural y efectivo para afrontar una gran variedad de dolencias; el hábito también dio lugar a la exploración de otros caminos, como la terapia forestal, para aumentar la sensación de bienestar.

Para algunos, el sisu quizá sea una característica cultural. Por mi parte, creo que es una actitud ante la vida en la que uno no se da por vencido y se desafía a sí mismo, una filosofía que se puede aprender. Si yo he aprendido a flexionar mi músculo sisu, cualquiera puede hacerlo. Además, no siempre se tiene por qué ser extremo. A veces, los cambios más pequeños pueden originar otros mayores. Como dijo elocuentemente Emilia Lahti, la experta en sisu: «Si no te crees capaz de hacer algo, no darás los pasos necesarios para ello».

En lo que a mí respecta, empecé a poner en entredicho mi creencia de que no era capaz de hacer ciertas cosas debido a la depresión y la ansiedad. Di algunos pasos iniciales hacia el cambio porque me di cuenta de que aunque fueran pequeños podían conducir a otros pasos mayores. Uno de estos es contar mi historia (tal vez sea mi acto de sisu más importante hasta la fecha), con la esperanza de que ello pueda ayudar a otros, en lugar de ocultarla tras una fachada y fingir que no pasa nada; algo en lo que tuve cierto éxito durante años. La gente suele sorprenderse al enterarse de que padezco depresión, pues dicen que doy la impresión de ser una persona optimista. Sin embargo, al aceptar lo que yo percibo como uno de mis puntos débiles, soy más fuerte precisamente gracias a hablar sin rodeos sobre mis conflictos. Aunque ahora me siento serena y equilibrada, sé que necesito cuidar física y mentalmente de mí misma para seguir igual y mantener a raya los síntomas de la depresión.

Para ser del todo sincera, mientras acababa este manuscrito llegaron algunos cambios trascendentales a mi vida: mi esposo y yo tomamos la dificilísima decisión de divorciarnos. Con los años, nuestros respectivos estilos de vida habían llegado a ser muy distintos. Es demasiado pronto para reflexionar adecuadamente o para escribir algo significativo al respecto. De todos modos, es justo decir que la decisión la tomamos juntos, con tacto, y teniendo siempre presentes los intereses de nuestro hijo.

Y quizás esta es una de las mayores lecciones que he aprendido sobre el sisu.

Como dijo una vez un atinado editor británico: «El sisu consiste en sentirse cómodo con las incomodidades». Tiene que ver con reconocer y aceptar el momento en que acaso sea necesario un cambio, como pasa en una relación insatisfactoria, con independencia de lo difícil que pueda ser. Y con tener el coraje de soltar amarras.

A decir verdad, debo señalar que nada me impedía adoptar estos elementos del modo de vida nórdico en las otras ciudades donde he vivido: Londres, Vancouver y Toronto ofrecen una amplia variedad de oportunidades de bienestar y de cosas que hacer al aire libre. Pero tuve que mudarme al norte para aprender de veras a simplificar mi vida y a desplazar el centro de atención de la debilidad a la fuerza, así como a encontrar mi propio sentido del sisu.

Para mí, esto tuvo una influencia decisiva.

Sisu

- *Hay que pronunciar «siisu».*
- *Es un tipo singular de fortaleza finlandesa, consistente en no darse por vencido frente a ninguna dificultad, grande o pequeña. Es algo que todo el mundo es capaz de desarrollar.*
- *Es una actitud que transforma desafíos en oportunidades.*
- *Es un viejo concepto finlandés que se remonta a principios del siglo XVI.*

Apéndices

Consejos para nadar en invierno

Si quieres probar con la natación invernal, un buen consejo es aclimatar poco a poco el cuerpo. Para eso, es bueno seguir nadando cuando haya terminado el verano: ayuda al cuerpo a adaptarse a temperaturas del agua que son gradualmente más frías.

Para empezar a nadar en invierno, primero asegúrate de tener buena salud y estar en forma.

Según varias directrices generales y el sentido común, no debes meterte en el agua si te encuentras mal o padeces determinadas enfermedades, como cardiopatías, tensión arterial elevada, asma u otras afecciones, sin consultar primero al médico.

Cuando comienza la temporada de baños invernales, ve con un amigo experimentado que tenga acceso a un lugar dedicado a tal fin.

Si no tienes zapatillas de neopreno, puedes ponerte unos calcetines de lana o unas chancletas mientras caminas hacia el agua.

La primera vez, un chapuzón es suficiente. Si no puedes meterte por completo en el agua, no pasa nada. Acuérdate de respirar.

Si existe la opción de la sauna juntamente con la de la natación invernal, lo volverá todo más fácil desde el punto de vista tanto mental como físico: poder calentarte después, hace que las expectativas heladas sean menos desalentadoras.

Tras entrar en calor en la sauna, quizá tengas ganas de volver a intentarlo, pues la sensación es muy agradable.

Acuérdate de hidratarte bebiendo agua.

Consejos prácticos para ir en bicicleta

Yo monto en bici todo el año, haga el tiempo que haga. Vivo en un clima con temperaturas que pueden oscilar entre los veinte grados bajo cero y los treinta grados positivos, para lo cual hace falta un vestuario práctico y flexible.

Y como para ir a trabajar no necesito llevar traje, falda de tubo ni tacones, puedo vestirme de manera informal.

Para los meses estivales, he confeccionado un vestuario que es compatible con la bicicleta y que incluye un montón de faldas y vestidos. Mis criterios para comprar una falda o un vestido son: ¿se ensancha desde la cintura o está hecho de tela elástica? Puedo combinarlo con unos pantalones cortos de ciclismo que no sean muy grandes ni visibles, pero que sí serán muy útiles si se me levanta la falda mientras pedaleo.

Llevo conmigo un pequeño kit para refrescarme. Si la distancia es larga y debo asistir a una reunión importante con buen aspecto, hago un paquete con jabón y crema hidratante, un peine, un cepillo de dientes y pasta dentífrica junto con una pequeña toalla de mano. Creo que no hace falta una toalla grande, pues haría demasiado bulto y añadiría mucho peso a la mochila. Utilizo el servicio de señoras para arreglarme un poco, por ejemplo lavándome la cara con agua y jabón.

Si sé que voy a poder ducharme, incluyo frascos de champú tamaño viaje, así como acondicionador. En Finlandia, la mayoría de los lugares de trabajo que cuentan con duchas tienen también un secador comunitario de pelo.

En cuanto al invierno, uno de los atractivos de ir en bici es que apenas se suda.

Durante los meses oscuros, me aseguro de que la bicicleta tenga muchas luces y cuente con varios reflectores. Incluso luzco un chaleco negro bastante elegante con franjas reflectoras blancas; con uno amarillo parezco un obrero de la construcción.

En los meses fríos utilizo neumáticos de invierno con clavos. Cuando la nieve se funde, se congela y crea una pista temporal de patinaje en ciertas zonas de la ciudad; considero que así tengo más estabilidad que caminando.

Una serie de prendas impermeables duraderas constituyen una excelente inversión, pues, de este modo, la ropa está siempre limpia y seca, al margen del tiempo que haga.

Para el tiempo muy frío, es fundamental contar

con un gorro grueso, guantes y calcetines de lana. Cuando las temperaturas son aún más frías, va muy bien una máscara de mezcla de algodón y seda con una abertura para la nariz y para los ojos que permite respirar, pero que te mantiene abrigado; también puede servir una que esté forrada de lana.

Cuando vas en bici en invierno, como en muchas otras actividades invernales, tienes frío solo en los primeros minutos; después, a medida que te mueves, el cuerpo va entrando en calor.

Algunos ciclistas llevan en el cesto una muda de ropa. Se trata de lo más conveniente para ti y para tu estilo de vida.

Cómo tomar una sauna según el estilo finlandés

Para muchos finlandeses, la sauna es un lugar sagrado, un espacio donde uno se relaja y se limpia tanto el cuerpo como la mente.

Antes de entrar en la sauna, hay que ducharse.

Sobre el tiempo que se puede permanecer en la sauna, no hay normas. Despende exclusivamente de cada uno. Al cabo de unos minutos, el vapor caliente, que estará a una temperatura comprendida entre los setenta y los cien grados, relajará los músculos.

En cuanto al *löyly* (el vapor que se forma al echar agua sobre las piedras del hornillo), la cortesía dicta que, antes de echar más agua para aumentar el calor, debe preguntarse a los demás si les parece bien.

Los habituales de la sauna suelen llevar consigo, por razones higiénicas, lo que se conoce como *pe-*

fletti, una cubierta de asiento hecha de lino o felpa o una hoja de papel grueso (suelen ofrecerse en las saunas públicas).

En una sauna solo para mujeres o solo para hombres, lo habitual es ir desnudo. En las saunas mixtas, para hombres y mujeres, se lleva traje de baño.

Aunque no hay normas absolutas sobre los temas de conversación en la sauna (varían en función del sitio y del grupo de personas congregadas), ha de tenerse en cuenta que se trata de un espacio para relajarse. Así pues, el ambiente debe ser de respeto hacia los demás.

El principal objetivo es disfrutar de la experiencia.

Agradecimientos

Me siento muy agradecida a las numerosas personas inspiradoras (y a diversos encargos de trabajo) que me llevaron a las aguas, los bosques, las saunas y otros lugares estimulantes de Finlandia.

Debo dar un millón de gracias a los montones de personas que entrevisté para este libro, que amable y generosamente compartieron su tiempo y sus historias, pensamientos e ideas: Tiina Torppa, a quien conocí poco después de llegar yo a Finlandia, es una amiga fabulosa y un modelo de mujer fuerte e independiente que compatibiliza su familia con una carrera de éxito junto con muchísimas otras capacidades; Riikka Toivanen, la primera en llevarme a nadar en invierno; la brillante experta en sisu Emilia Lahti; y el profesor Hannu Rintamäki, encantador experto en frío. Podría hablar largo y tendido sobre todos mis entrevistados, cada uno de los cuales ha sido asombroso y ejemplar a su manera. Gracias a Patrik Borg, Pauliina Seppälä, Pasi Sahlberg, Jaakko Blomberg, Niklas Aalto-Setälä, Liisa Tyrväinen, Timo Perälä, Seppo Uski, Sanna Jahkola, Barbara Schneider, Ilkka

Vuori, André Noël Chaker, Timo Nuuminen, Pia Lipponen, S. Douglas Olson, Päivi Pälvimäki y Veikko Tuovinen. Y también gracias a las muchas personas que me ayudaron a verificar ciertos hechos o me indicaron la dirección correcta, entre ellas Taru Laanti, Timo Partonen, Paulka Paronen, Pirkko Huttunen y Birgitta Järvinen.

Este libro seguramente no existiría sin mis agentes, Elina Ahlbäck, Eleonoora Kirk y Lotta Dufva, que lo apoyaron cuando era solo una propuesta, unos cuantos capítulos de muestra y un borrador. ¡Gracias! Aunque tuve la idea del libro ya en 2010, una mención especial de gratitud ha de ser para Elina, que me tendió la mano, me animó y facilitó el proceso de escritura mediante algunos adelantos económicos que me permitieron dedicación plena durante varios meses.

Y también mi más profundo agradecimiento a Hannah Black, mi primera editora, que también respaldó la idea e hizo excelentes sugerencias y me orientó a través del proceso editorial con su magnífico equipo de Hodder, incluidos el asistente de redacción Ian Wong y la correctora Sophie Elletson.

Gracias asimismo a las demás editoriales que se sumaron a la iniciativa cuando este libro era solo un proyecto y unos cuantos capítulos apenas esbozados: WUJ (Polonia), Yeeyan Publishing (China), Belfond (Francia), Mladá Fronta (República Checa), Bastei Lübbe (Alemania), Marsilio/Sonzogno (Italia), Kosmos (Holanda), AST (Rusia), Roca Editorial (España) y Tarcher-Perigee/Penguin Random House (Estados Unidos).

Y gracias a mis primeros lectores, que me proporcionaron un apoyo y un *feedback* valiosísimos: Elina Ahlbäck, Lotta Dufva, Eleonoora Kirk, Tiina Torppa, Anu Silfverberg, Satu Pantzar, Tapio Pantzar, Senja Parsen, Susan Huotari y Riina Tamm, que amablemente leyó y revisó una versión inicial de los primeros capítulos e hizo importantes sugerencias ya en 2014.

Estoy muy agradecida a mis serviciales familiares y amigos: mis padres, Satu y Tapio; mi hijo, Felix, que ilumina mi vida a diario; Harpal y Tino; Sammy, Susan, Andreas, Connie, Riina, Tracey y todos los que me han alentado en el trabajo y los momentos de ocio, entre ellos Soili, Denise, Aleksi, Amanda y Egan.

Y gracias a la pandilla del espacio de trabajo Kallio, Hanna, Anu, Jussi, Juha, Esa, Antti, Sanna, Mirja y Suvi, que me escucharon, me apoyaron y me inspiraron en las buenas y en las malas durante el proceso de escritura, y especialmente a Jussi por prestarme su silla, cosa que cambió totalmente la situación.

Y también quiero expresar mi agradecimiento a todos mis compañeros de agua fría y nadadores invernales, quienes, junto con las cualidades transformadoras del agua, hicieron que cada día fuera un poco mejor y más luminoso.

Referencias

Anthes, Emily (12 de mayo de 2016). «The Glossary of Happiness», *The New Yorker*, Nueva York, NY, Condé Nast.

Bains, Camille (14 de junio de 2017). «Canada ranked 25th on children's wellbeing amongst rich countries: UNICEF», *Globe and Mail*, Toronto, Canadá.

Beres, Damon (septiembre de 2013). «Most Honest Cities: The Reader's Digest Lost Wallet Test», *Reader's Digest*, Nueva York, NY, Trusted Media Brands.

Berkeley Wellness (12 de junio de 2014), «The New Nordic Diet», Universidad de California Berkeley, San Francisco, Berkeley Wellness.

Borg, Patrik (2009). *Syö hyvin ja laihdu*, Helsinki, Finlandia, Otava Publishing.

Chaker, André Noël (2017). *The Finnish Miracle: 100 Years of Success*, Helsinki, Finlandia, Alma Talent.

Corliss, Julie (19 de noviembre de 2015). «The Nordic diet: Healthy eating with an eco-friendly bent», *Harvard Heart Letter*, Boston, Massachusetts, Harvard Medical School.

Cuthbertson, Anthony (24 febrero de 2017). «The Cold Sell: Why Tech Startups are Pitching from an Ice Hole in Finland», *Newsweek*, Nueva York, NY: IBT Media.

Dovey, Ceridwen (9 de junio de 2015). «Can Reading Make You Happier?», *The New Yorker*.

Duckworth, Angela (2016). *Grit: The Power of Passion and Perseverance*, Nueva York, NY, Scribner (traducción al español: *Grit: el poder de la pasión y la perseverancia*, Barcelona, Ed. Urano, 2016).

Economist Intelligence Unit (2012). «Starting well: Benchmarking early education across the world», Londres, Inglaterra, Economist Group.

«Finnish recommendations for physical activity in early childhood 2016: Joy, play and doing together» (2016:35). Helsinki, Finlandia, Ministerio de Educación y Cultura.

Foroohar, Rana (16 de agosto de 2010). «The Best Countries in the World», *Newsweek*, Nueva York, NY, IBT Media.

Gill, Jason; Cellis-Morales, Carlos (20 de abril 2017). «Cycling to work: major new study suggests health benefits are staggering», *The Conversation*, edición RU, Londres, The Conversation Trust.

Goodrich Austin (1960). *Study in Sisu: Finland's Fight for Independence*, Nueva York, NY, Ballantine Books.

Harper, Mark (20 de diciembre de 2016). «Fewer illnesses, less stress: How cold-water swimming can change your life», *Spectator Health*. Londres, Inglaterra, Press Holdings.

Harvard Health Publishing (marzo de 2014). «Sauna Health Benefits: Are saunas healthy or harmful?», Boston, Massachusetts, Harvard Medical School.

Heikura Pasi; Huttunen Pirkko; Kinnunen, Taina (2000). *Hyinen Hurmio: Avantouimarin käsikirja*, Helsinki, Finlandia, Edita Publishing.

Helliwell, J.; Layard, R.; Sachs, J. (2017). «World Happiness Report 2017», Nueva York, Sustainable Development Solutions Network.

Howlett, Karen; Weeks, Carly (18 de agosto de 2015).

«Prescriptions of opioid drugs skyrocketing in Canadá», *Globe and Mail*, Toronto, Canadá.

Howlett, Karen (27 de marzo de 2017). «Prescriptions for painkillers still rising in Canada despite opioid crisis», *Globe and Mail*, Toronto, Canadá.

Hutttunen, Pirkko y otros (2004). «Winter swimming improves general well-being», *International Journal of Circumpolar Health*, Co-Action Publishing on behalf of the Circumpolar Health Research Network.

Hämäläinen, Timo; Michaelson, Juliet (2014). *Well-being and Beyond: Broadening the Policy Discourse*, Cheltenham, RU, Edward Elgar Publishing Limited/Sitra, the Finnish Innovation Fund.

Informe de Niños Sanos Activos Canadá 2014. «¿Está Canadá en forma? Comparación de Canadá con otros catorce países en cuanto a actividad física de los niños y jóvenes», Toronto, Canadá, Active Healthy Kids.

James, Sandy (13 de enero de 2017). «Opinion: Visibility plays major role in pedestrian deaths», *Vancouver Sun*, Vancouver, Canadá, Postmedia Network Inc.

Jansson, Tove (2003). *The Summer Book* (traducido por Thomas Teal), Londres, RU, Sort of Books (hay traducción al español., *El libro del verano*, Madrid, Siruela, 2014).

Jansson, Tove (2006). *The Winter Book* (traducido por Silvester Mazzarella, David McDuff y Kingsley Hart), Londres, RU, Sort of Books (hay traducción al español, *La familia Mumin en invierno*, Madrid, Siruela, 2009).

Järnefelt, Heli (2016). «Työikäisten Hyvän unen avaimet», Terveysliikuntauutiset 2016, Tampere, Finlandia, Instituto UKK.

Kallio, Veikko (1989). *Finlad: Cultural Perspectives*, Helsinki, Finlandia, WSOY.

Kallionpää, Katri (1 de octubre de 2016). «Sauna tekee sydämelle hyvää-tämä ja neljä muuta syytä mennä viikonloppuna saunaan», *Helsingin Sanomat*, Helsinki, Finlandia, Sanoma Media Finland.

Kallunki, Elisa (4 de mayo de 2017). «Tutkimmukset todistavat, etä metsä on mahtava stressilääke: Laskee sydämen sykettä ja vähentää lihasjännitystä», Helsinki, Finlandia, Yle Uutiset.

Khazan, Olga (11 de julio de 2013). «The Secret to Finland's Success with Schools, Moms, Kids – and Everything», *The Atlantic*, Washington, D. C., Atlantic Media.

Koay, Jacqueline (18 de abril de 2017). «From Finland, Teach Children Sisu», The Blog, Huffington Post UK.

Koskela, Elina (21 de septiembre de 2013). «Luonto hoitaa ja metsä parantaa», *Ilkka, Seinäjoki*, Finlandia, I-Mediat Oy.

Kujanpää, Risto y Departamento de Planificación Urbana de Helsinki (2015). «Helsinki Bicycle Account 2015», Helsinki, Finlandia.

Lahi, Emilia (15 de diciembre de 2014), «Sisu – transforming barriers into frontiers», TEDxTurku, You Tube, http://www.youtube.com/watch?v=UTlieGyf5kU, consultado en diciembre de 2017.

Landreth, Jenny (13 de febrero de 2017). «Brrr! The Joys of cold Water Swimming», *Telegraph*, Londres, Inglaterra, Telegraph Media Group.

Laukkanen, Tanjaniina, Kunutsor, Setor, Kauhanen, Jussi, Laukkanen, Jari (7 de diciembre 2016). «Sauna bathing is inversely associated with dementia and Alzheimer's disease in middle-aged Finnish men», *Age and Ageing*, Oxford University Press, Oxford, RU.

Lee, Helena (14 de junio de 2013). «Why Finnish babies sleep in cardboard boxes», BBC News magazine, Londres, RU, BBC.

Lehmuskoski, Susanna (18 de junio de 2017). «Vähemmän kaikkea parempi elämä», *Helsingin Sanomat*, Helsinki, Finlandia, Sanoma Media Finland.

Luckhurdt, Phoebe (12 de diciembre de 2016). «Forget Denmark and *hygge*, Finland is the new Nordic hotspot for wellbeing», *Evening Standard*, Londres, Inglaterra, Asociated Newspapers.

Malmberg, Katarina (16 de abril de 2017). «Metsässä treeni tuntuu kevyeltä ja juoksu muuttuu rennoksi – Kokeile viittä terveyttä lisäävää luontoliikuntalajia», *Helsingin Sanomat*, Helsinki, Finlandia, Sanoma Media Finland.

Mogensen, Klaus Æ. (febrero de 2013). «The Bicycle – The Future Means of Transportation», *Scenario Magazine*, Copenhague, Dinamarca, Instituto de Copenhague para el Escenario de Estudios Futuros.

Moore, Michael (2015). *¿Qué invadimos ahora?* (2015), documental de Dog Eat Dog Films.

«Northern Theatre: Sisu» (8 de enero de 1940), *Time*, Nueva York, NY, Time Warner.

Oaklander, Mandy (18 de abril de 2016). «How to Eat Like a Nordic Person», *Time Health*, Nueva York, NY, Time Warner.

Partanen, Anu (2016). *The Nordic Theory of Everything: In Search of a Better Life*, Nueva York, NY, HarperCollins Publishers.

Partanen, Anu (11 de diciembre de 2011). «What Americans Keep Ignoring About Finland's School Success», *The Atlantic*, Washington, D. C., Atlantic Media.

Porter, Michael E.; Stern, Scott y Green, Michael (2016). «Social Progress Index 2016: Executive Summary», Índice de Progreso Social.

Puttonen, Mikko (29 de septiembre de 2017). «Saunominen laskee verenpainetta, osoittavat suomalaisväestöllä Tehdyt tutkimukset – mutta saunassa on käytävä tietyn väliajoin», *Helsingin Sanomat*, Helsinki, Finlandia, Sanoma Media Finland.

Pölkki, Minna (3 de septiembre de 2014). «Suomen hiljaisuutta markkinoidaan Aasiaan», *Helsingin Sanomat*, Helsinki, Finlandia, Sanoma Media Finland.

Rautava, Timo (13 de octubre de 2008). «Venyttele haravan kanssa», *Helsingin Sanomat*, Helsinki, Finlandia, Sanoma Media Finland.

Repo, Päivi (23 de julio de 2017). «Lihavuus lisääntyy joka puolella maailmaa – Suomessa on lihavia Ruotsia enemmän, mutta maailmassa olemme vain keskitasoa, kertoo 195 maan vertailu», *Helsingin Sanomat*, Helsinki, Finlandia, Sanoma Media Finland.

Ruusunen, Anu (2013), «Diet and depression: An epidemiological study», Universidad del Este de Finlandia, Facultad de Ciencias de la Salud, Publications of the University of Eastern Finland, Tesis sobre Ciencias de la Salud 185.

Sahlberg, Pasi (2015). *Finnish Lessosns 2.0: What Can the World Learn from Educational Change in Finland?*, 2.ª edición, Nueva York, NY, Teachers College Press.

Sander, Gordon F. (2013), *The Hundred-Day Winter War: Finland's Gallant Stand Against the Soviet Army*, Lawrence, Kansas, University Press of Kansas.

Seminario: Liikunta lääkkeenä – työikäiset liikunnan monikäyttäjiksi (11-12 de octubre de 2016). Instituto UKK, Helsinki, Finlandia.

Shakersain, Behnaz y otros (13 de septiembre de 2015). «Healthy Diet May Reduce Cognitive Decline As People Age», Karolinska Institutet.

Shevchuk, Nikolái A. (2008). «Adapted cold shower as a potential treatment for depression», *Medical Hypotheses*, Ámsterdam, Holanda.

Sillanpää, Anna (15 de septiembre de 2014). «Näim metsä hoitaa mieltäsi», *Kodin Kuvalehti*, Sanoma Magazines, Helsinki, Finlandia, Sanoma Media Finland.

Seminario sobre el sisu (8 de mayo de 2017). Academia Finlandesa de las Ciencias y las Letras, Helsinki, Finlandia.

Strandell, Anna (2017). «Residents' Barometer 2016 – Survey on Urban Residential Environments», Informes del Instituto Finlandés de Medio Ambiente, 19/2017.

Strode, Hudson (14 de enero de 1940). «Sisu: A word that explains Finland», *The New York Times*, Nueva York, NY, New York Times Company.

Strömsholm, Sonja; Lahti, Emilia; Järvilehto, Lauri; Koutaniemi, Meeri (2015). *Sisu: tarinoita itsensä ylittämisestä ja hyvän tekemisestä*, Jyväskyla, Finlandia, PS kustannus.

Stubb, Alexander (2013). *The Power of Sisu*, Helsinki, Finlandia.

Swanson, Anders (12 de febrero de 2016). «Icy cycles: the northerly world cities leading the winter bicycle revolution», *The Guardian*, Londres, Inglaterra, Guardian Media Group.

«The Nordic Countries: The next supermodel» (2 de febrero 2013). *The Economist*, Londres, Inglaterra, The Economist Group.

The GBD 2015 Obesity Collaborators (6 julio de 2017). «Health Effects of Overweight and Obesity in 195 Countries over 25 years», *The New England Journal of Medicine*, Massachusetts, Massachusetts Medical Society.

Tipton, Charles M. (2014). «The history of 'Exercise Is Medicine' in ancient civilizations», *Advances in Physiology Education*, Sociedad Fisiológica Norteamericana, volume 38, número 2, Bethesda, MD.

Tourula, Marjo (2011). «The Childcare Practice of Children's Daytime Sleeping Outdoors in the Context of Northern Finnish Winter», tesis doctoral, Oulu, Finlandia, Universidad de Oulu.

UNICEF Research (2017). «Building the Future: Children and the Sustainable Development Goals in Rich Countries», Informe 14 de Innocenti, Innocenti, Florencia, Oficina de Investigación de la UNICEF.

Vattulainen, Tuuli (8 de mayo de 2014). «5 vinkkiä, miten välttää niskakivut», *Helsingin Sanomat*, Helsinki, Finlandia, Sanoma Media Finland.

Vuori, Ilkka (2015). *Liikuntaa lääkkeeksi: Liikunta-ohjelmia sairauksien ehkäisyyn ja hoitoon*, Helsinki, Finlandia, Bonnier Group.

Wallman, James (2015). *Stuffocation: Living More with Less*, Londres, RU, Penguin Random House UK.

Wicker, Alden (septiembre de 2016). «Fast Fashion is Creating an Environmental Crisis», *Newsweek*, Nueva York, NY, IBT Media.

Williams, Florence (7 de febrero de 2017). «How Just 15 Minutes in Nature Can Make You Happier», *Time*, Nueva York, NY, Time Warner.

Las siguientes páginas web también proporcionan información general

Asociación Internacional de Natación Invernal: iwsa.world

Asociación Norteamericana del Corazón: www.heart.org/HEARTORG/

Día de la Limpieza: siivouspaiva.com/en

Día de la Sauna de Helsinki: helsinkisaunaday.fi

Directrices actuales de asistencia, Sociedad Médica Finlandesa Duodécima: www.kaypahoito.fi

Esto es FINLANDIA: www.finland.fi

Federación de Ciclismo Invernal: www.wintercycling.org

Federación Finlandesa de Huertos Asignados: www.siirtolapuutarhaliito.fi

FILI, Intercambio de Literatura Finlandesa: www.finlit.fi

Helsingin Sanomat: www.hs.fi

Índice de la OCDE sobre una Vida Mejor: www.oecdbetterlifeindex.org

Instituto Nacional para la Salud y el Bienestar: www.thl.fi/en

Instituto UKK: www.ukkinstituutti.fi/en

Kela, Institución de Seguridad Social de Finlandia: www.kela.fi

Luke, Instituto de Recursos Naturales de Finlandia: www.luke.fi/en

Ministerio de Educación y Cultura: www.minedu.fi/en

Organización Mundial de la Salud (OMS): www.who.int

Página web de Emilia Lahti, investigadora del sisu: www.emilialahti.com

Parques Naturales de Finlandia: www.nationalparks.fi

Sociedad Finlandesa de la Sauna: www.sauna.fi

Statistics Finland, Instituto Finlandés de Estadística: www.stat.fi

Suomen Latu – Asociación Finlandesa del Aire Libre: www.suomenlatu.fi/en

The Lancet: www.lancet.com

Yleisradio Oy, Empresa Finlandesa de Radiodifusión: yle.fi

Material citado que ha sido publicado con amable autorización de los autores

Heikura Pasi; Huttunen Pirkko; Kinnunen, Taina (2000). *Hyinen Hurmio: Avantouimarin käsikirja*, Helsinki, Finlandia, Edita Publishing. (*Hyinen Hurmio* equivale a «éxtasis glacial», y la información mencionada sobre los beneficios de los baños invernales se traduce y adapta a partir del título original en finés con permiso de los tres autores.)

Informe de Niños Sanos Activos Canadá 2014, «¿Está Canadá en forma? Comparación de Canadá con otros catorce países en cuanto a actividad física de los niños y jóvenes», Toronto, Canadá, Active Healthy Kids.

Järnefelt, Heli (2016). «Työikäisten Hyvän unen avaimet», Terveysliikuntauutiset 2016, Tampere, Finlandia, Instituto UKK.

Mogensen, Klaus Æ. (02/2013), «The Bicycle – The Future Means of Transportation», *Scenario Magazine*, Copenhague, Dinamarca, Instituto de Copenhague para el Escenario de Estudios Futuros.

Porter, Michael E.; Stern, Scott y Green, Michael (2016). «Social Progress Index 2016: Executive Summary», Índice de Progreso Social.

Ruusunen, Anu (2013). «Diet and depression: An epidemiological study», Universidad del Este de Finlandia, Facultad de Ciencias de la Salud, Publications of the University of Eastern Finland, Tesis sobre Ciencias de la Salud 185.

Sahlberg, Pasi (2015). *Finnish Lessosns 2.0: What Can the World Learn from Educational Change in Finland?*, 2.ª edición, Nueva York, NY, Teachers College Press.

Shevchuk, Nikolái A. (2008). «Adapted cold shower as a potential treatment for depression», *Medical Hypotheses*, Ámsterdam, Holanda.

Strandell, Anna (2017). «Residents' Barometer 2016 – Survey on Urban Residential Environments», Informes del Instituto Finlandés de Medio Ambiente, 19/2017.

Descargo de responsabilidad

Esta es mi historia personal. No soy experta en medicina, entrenadora personal ni nutricionista. Pero sí soy un ser humano que se ha esforzado por encontrar una sensación de equilibrio y bienestar. El viaje descrito en estas páginas explica cómo he descubierto maneras sencillas y sensatas de mejorar mi salud incorporando a mi día a día elementos del estilo de vida nórdico.